D1410664

JE CUISINE
léger

Kathryn Hawkins

p

Ouvrage publié par Parragon Publishing
Édition publiée en 2002
Parragon Publishing
Queen Street House
4 Queen Street
Bath
BA1 1HE, UK

ISBN : 0-75253-653-2

Imprimé en Chine

Produit par Haldane Mason, Londres

Maquette : Ron Samuels
Directeur de la rédaction : Sydney Francis
Conseiller en rédaction : Christopher Fagg
Rédactrice en chef : Jo-Anne Cox
Rédactrice : Lydia Darbyshire
Conception : Digital Artworks Partnership Ltd
Photographie : Iain Bagwell
Spécialiste en économie domestique : Kathryn Hawkins
Informations nutritionnelles : Anne Sheasby et Annette Yates
Traduction : Atlas Translations, Cambridge, Royaume-Uni

Note
Il est considéré qu'une tasse correspond à une tasse américaine.
Il est considéré qu'une cuillère à soupe correspond à 15 ml. Sauf indication contraire,
il est sous-entendu que le lait est entier, que les œufs sont de taille moyenne et que le poivre
est du poivre noir fraîchement moulu. L'indication du nombre de calories et de la teneur
en matières grasses ne tient pas compte des suggestions d'accompagnement.

Sommaire

Introduction

Quiconque s'intéresse quelque peu à sa santé est conscient des problèmes associés à un régime alimentaire trop riche en lipides. Un haut niveau de consommation de matières grasses est un facteur contribuant à l'obésité – et tout ce que cela implique – maladies cardiaques, diabète et même cancer. Le fait que nous devons tous réduire la quantité de matières grasses dans notre alimentation nous est rappelé chaque fois que nous faisons nos courses ; en effet, il est presque impossible de passer dans les allées sans remarquer de nouveaux produits à 0% ou allégés.

Réduire la quantité de lipides dans notre alimentation est, bien sûr, un moyen efficace de perdre du poids en réduisant simplement le nombre de calories consommées, mais un régime plus sain réduit aussi les risques de maladies graves. Cependant, avant de supprimer totalement les matières grasses, il importe de rappeler que nous en avons besoin d'une certaine quantité dans notre alimentation quotidienne pour assurer le bon fonctionnement de notre organisme. En effet, les acides gras essentiels sont nécessaires au renouvellement des membranes cellulaires et autres fonctions vitales. Notre tissu cérébral, la gaine de nos nerfs et notre moelle épinière, par exemple, ont besoin de matières grasses, et elles sont essentielles pour protéger nos organes vitaux, tels que le foie, les reins et le cœur.

Les nutritionnistes suggèrent que nous réduisions notre consommation en lipides à 27-30% de notre apport journalier total en calories. Si notre régime alimentaire nous apporte en moyenne 2000 calories, nous ne devrions pas consommer plus d'environ 75 g/ 2¾ onces de matières grasses par jour. À titre indicatif, nous consommons en moyenne environ 40% de notre apport journalier en calories sous forme de matières grasses. N'oubliez pas, cependant, que si vous êtes en traitement pour quelque maladie que ce soit, il importe de consulter votre médecin quant aux changements que vous proposez d'apporter à votre alimentation avant de commencer votre nouveau régime.

Si vous envisagez de réduire votre consommation en matières grasses, il convient de rappeler qu'elles sont principalement de deux types : saturées et insaturées. Les graisses saturées sont celles qui sont à l'état solide à température ambiante, et sont principalement présentes dans les produits d'origine animale – beurre et fromage, charcuterie (saucisses, pâté, poitrine fumée), gâteaux, chocolat, chips, biscuits, noix de coco et les huiles végétales hydrogénées ou les huiles de poisson. Quant aux graisses insaturées, elles sont moins mauvaises à la santé – mais ce sont toujours des corps gras. Votre objectif doit donc être de réduire votre apport journalier en calories sous forme de graisses saturées à 8%, le reste provenant de graisses insaturées. Celles-ci sont généralement à l'état liquide à température ambiante et d'origine végétale – huile d'olive, huile d'arachide, huile de tournesol, huile de carthame et huile de maïs. N'oubliez pas, malgré tout, que toute huile est synonyme de graisse liquide. Le fait d'utiliser de l'huile plutôt que de la margarine ou du beurre pour faire revenir les oignons ou l'ail ne réduira nullement votre consommation globale en matières grasses.

INGRÉDIENTS

L'un des changements les plus simples et les plus bénéfiques que vous pouvez apporter à votre alimentation est de remplacer le lait, la crème, le fromage et le yaourt entiers par des équivalents allégés. Le lait demi-écrémé, par exemple, apporte la même valeur nutritionnelle que le lait entier mais avec 10 g/ ⅓ once de matières grasses par pinte au lieu de 23 g/ ¾ once par pinte pour le lait entier. Utilisez du lait écrémé pour faire votre crème anglaise et vos sauces et vous n'y verrez aucune différence au niveau goût. Le yaourt ou le fromage blanc battu à 0% mélangé avec de la ciboulette remplace délicieusement le beurre ou la crème fraîche.

La plupart des légumes sont naturellement pauvres en lipides et peuvent être utilisés pour 'étoffer' un plat de viande ou de poisson. Les toutes dernières recherches en nutrition indiquent que nous devrions nous efforcer de consommer cinq portions de fruits et de légumes frais par jour, car ils contiennent ce que l'on appelle des antioxydants, dont le bêta carotène (qui produit la vitamine A dans le corps) et les vitamines C et E. On pense que les vitamines antioxydantes contenues dans les légumes protègent contre un certain nombre de maladies dégénératives (y compris le cancer, les maladies de cœur, l'arthrite et même le vieillissement de la peau) et contre les effets nocifs de la pollution et des rayons ultraviolets, qui peuvent affecter les cellules du corps. On pense aussi que les produits phytochimiques, qui sont naturellement présents dans les plantes, jouent un rôle dans la lutte contre le cancer.

La cuisson à l'étuvée est la meilleure façon de faire cuire les légumes pour conserver toute leur valeur nutritionnelle. À l'inverse, si vous les faites bouillir, par exemple, vous détruisez les trois quarts de la vitamine C présente dans les légumes verts. Si vous devez les faire bouillir, faites cuire les légumes aussi rapidement que possible et évitez de trop les faire cuire, ce qui détruirait le bêta carotène.

Si vous avez le temps, faites vous-même le bouillon qui servira de base à vos ragoûts et vos potages. Les bouillons tout prêts et les bouillons cubes disponibles dans le commerce contiennent souvent beaucoup de sel et d'arômes artificiels. Ajoutez plutôt des herbes fraîches et des épices à l'eau de cuisson de vos légumes ou de trempage des champignons séchés. Conservez également les liquides dans lesquels vous avez fait cuire divers types de viande ou de poisson. Réfrigérez les liquides de cuisson et vous pourrez alors facilement enlever le gras qui aura monté à la surface et se sera solidifié.

Les pâtes, les nouilles, les légumes secs et les graines peuvent tous être utilisés dans un régime pauvre en matières grasses, et ils donnent du volume à un plat. Les pâtes sont disponibles sous de nombreuses formes, et sont un excellent moyen d'augmenter votre apport en féculents. Un apport insuffisant en féculents peut être la cause de fatigue et de manque d'énergie. Les pâtes complètes sont aussi particulièrement riches en fibres, ce qui favorise le transit intestinal. Ajoutez du riz complet cuit à vos soupes et ragoûts pour les épaissir, ou bien mélangez une partie de lentilles rouges avec trois parties de bœuf haché maigre pour réduire la quantité de viande dans un plat. Avant d'acheter, vérifiez que les nouilles et les pâtes ne sont pas aux œufs. Recherchez de préférence les variétés de pâtes et de riz complets.

MATÉRIEL

N'hésitez pas à investir dans des poêles et autre matériel antiadhésifs de bonne qualité. Non seulement vous réduirez la quantité de matières grasses nécessaires, mais vous gagnerez du temps parce qu'ils sont plus faciles à nettoyer. N'oubliez pas d'utiliser des ustensiles en plastique ou des cuillères en bois avec les poêles antiadhésives de manière à ne pas en rayer la surface.

Une poêle-gril permet de cuisiner avec une quantité minime de matières grasses, car le gras s'écoule entre les stries et n'est pas absorbé par les aliments. Pour les sautés, un wok est bien utile – sans être essentiel. Lorsque vous faites un sauté, utilisez le moins d'huile possible. Maintenez la chaleur constante et remuez sans cesse les aliments pour qu'ils cuisent rapidement et de manière égale. Un wok antiadhésif vous permettra de réduire encore davantage la quantité d'huile nécessaire.

Utilisez une écumoire pour retirer les aliments de la poêle, de manière à ne pas prendre le liquide de cuisson. L'essuie-tout est utile à la fois pour absorber le gras à la surface des aliments qui viennent d'être cuisinés, mais il peut aussi être utilisé pour éponger le gras qui monte en surface au cours de la cuisson. Utilisez de l'essuie-tout blanc pour ne pas teindre les aliments.

Soupes & Entrées

Un grand nombre d'en-cas et d'entrées bien connus – plus particulièrement ceux que nous achetons prêts à consommer au supermarché et en conserve – sont étonnamment riches en matières grasses. La prochaine fois, avant de faire vos achats, pensez plutôt à cuisiner certaines des recettes alléchantes que vous trouverez dans les pages suivantes – vous entamerez votre repas sur une note de légèreté.

Les soupes sont traditionnellement servies en entrée, mais accompagnées de pain croustillant, elles peuvent aussi constituer un repas très agréable par elles-mêmes. Bien que cela demande un peu plus de temps, il est préférable de faire votre bouillon vous-même en utilisant le liquide de cuisson des légumes et le jus de poissons et de viandes cuisinés en cocotte. Épaississez vos soupes avec des pommes de terre plutôt que d'y ajouter de la farine et de l'eau – ou, pire encore, de la farine et des matières grasses.

Pour changer de la soupe, pourquoi ne pas essayer quelques-unes des entrées telles que les légers Rouleaux de jambon et de céleri gratinés, le Pâté persillé de poulet au jambon servi avec une salade rafraîchissante et du pain scandinave, ou encore les Terrines d'épinards au fromage.

Consommé au poulet et aux asperges

Ce consommé léger a un parfum délicieux d'asperges et d'herbes.
Pour un résultat optimal, utilisez un bouillon de bonne qualité

Pour 4 personnes

CALORIES PAR PORTION : 236 ● MATIÈRES GRASSES PAR PORTION : 2,9 G

INGRÉDIENTS

225 g/ 8 onces d'asperges fraîches
850 ml/ 1½ pinte/ 3¾ tasses de
   bouillon de poulet frais
150 ml/ 5 oz liquides/ ⅔ tasse de vin
   blanc sec

1 brin de persil, d'aneth et d'estragon
   frais
1 gousse d'ail
60 g/ 2 onces/ ⅓ tasse de nouilles de
   riz fines

350 g/ 12 onces de poulet cuit maigre,
   en fines lanières
sel et poivre blanc
1 petit poireau, en lanières, pour
   le décor

1 Lavez les asperges et enlevez le bout ligneux. Coupez chaque pointe en morceaux de 4 cm/ 1½ pouce de long.

2 Versez le bouillon et le vin dans une grande casserole et portez à ébullition.

3 Lavez les herbes et attachez-les avec de la ficelle propre. Épluchez l'ail et ajoutez avec les herbes, dans la casserole, de même que les asperges et les nouilles. Couvrez et laissez cuire 5 minutes à feu doux.

4 Ajoutez le poulet, remuez, et assaisonnez abondamment. Laissez cuire encore 3-4 minutes à feu doux jusqu'à ce que le mélange soit chaud.

5 Nettoyez le poireau puis coupez-le en deux par le milieu et lavez-le sous l'eau courante pour enlever toute la saleté. Secouez-le pour éliminer l'eau et coupez-le en fines lanières.

6 Retirez les herbes et l'ail de la casserole et jetez. Servez le consommé dans des assiettes creuses chaudes, décorez avec le poireau et servez immédiatement.

VARIANTE

Vous pouvez utiliser vos herbes préférées pour cette recette, mais choisissez celles qui ont un parfum subtil de manière à ce qu'elles ne dominent pas le goût des asperges. Des petites pointes d'asperges tendres donnent un meilleur résultat et un parfum plus savoureux.

MON CONSEIL

Les nouilles de riz ne contiennent pas de matières grasses et remplacent parfaitement les nouilles aux œufs.

Soupe de bœuf, châtaignes d'eau et riz

De fines lamelles de bœuf maigre sont mélangées avec des châtaignes d'eau croquantes
et du riz cuit dans un bouillon de bœuf savoureux au goût piquant d'orange

Pour 4 personnes

CALORIES PAR PORTION : 205 • MATIÈRES GRASSES PAR PORTION : 4,5 G

INGRÉDIENTS

350 g/ 12 onces de bœuf maigre
  (culotte ou aloyau)
1 litre/ 1³/₄ pinte de bouillon de bœuf
  frais
bâton de cannelle, cassé
2 anis étoilés
2 cuil. à soupe de sauce de soja foncée

2 cuil. à soupe de vin de xérès sec
3 cuil. à soupe de concentré de
  tomates
1 boîte de 115 g/ 4 onces de châtaignes
  d'eau, égouttées et émincées
175 g/ 6 onces/ 3 tasses de riz blanc cuit
1 cuil. à café de zeste d'orange

6 cuil. à soupe de jus d'orange
sel et poivre

POUR LE DÉCOR :
écorce d'orange, en lanières
2 cuil. à soupe de ciboulette, ciselée

1 Enlevez soigneusement tout le gras du bœuf. Émincez le bœuf et mettez-le ensuite dans une grande casserole.

2 Mouillez avec le bouillon et ajoutez la cannelle, l'anis étoilé, la sauce de soja, le xérès, le concentré de tomates et les châtaignes d'eau. Portez à ébullition, en enlevant l'écume qui monte en surface avec une écumoire. Couvrez et laissez cuire à feu doux environ 20 minutes ou jusqu'à ce que le bœuf soit tendre.

3 Écumez de nouveau la soupe. Retirez et jetez la cannelle et l'anis étoilé et épongez la surface avec de l'essuie-tout pour enlever le gras.

4 Tout en remuant, ajoutez le riz, le zeste et le jus d'orange. Goûtez et réassaisonnez si nécessaire. Laissez réchauffer 2-3 minutes avant de verser dans des assiettes creuses chaudes. Servez décoré d'écorces d'orange et de brins de ciboulette.

VARIANTE

Pour une soupe plus légère servie en entrée à un repas oriental composé de nombreux plats, omettez le riz. Pour une soupe plus consistante qui pourrait servir de plat unique, ajoutez des légumes coupés en dés, tels que carottes, poivrons, maïs ou courgettes.

Soupe hivernale au bœuf et aux légumes

Ce bouillon réconfortant est idéal pour vous réchauffer en plein cœur de l'hiver.

Pour 4 personnes

CALORIES PAR PORTION : 161 • MATIÈRES GRASSES PAR PORTION : 3,3 G

INGRÉDIENTS

60 g/ 2 onces/ ⅓ tasse d'orge perlé
1,2 litres/ 2 pintes/ 5 tasses de bouillon
de bœuf frais
1 cuil. à café de fines herbes séchées
225 g/ 8 onces de bœuf maigre, culotte
ou aloyau

1 grosse carotte, en dés
1 poireau, en lanières
1 oignon moyen, haché
2 branches de céleri, en morceaux
sel et poivre

2 cuil. à soupe de persil frais, haché,
pour le décor
pain croustillant pour servir

1 Mettez l'orge perlé dans une grande casserole. Mouillez avec le bouillon et ajoutez les fines herbes. Portez à ébullition, couvrez et laissez cuire 10 minutes à feu doux.

2 Pendant ce temps, enlevez le gras du bœuf et émincez la viande.

3 Enlevez l'écume qui s'est formée en surface à l'aide d'une écumoire.

4 Ajoutez le bœuf, la carotte, le poireau, l'oignon et le céleri dans la casserole. Portez de nouveau à ébullition, couvrez et laissez cuire

à feu doux environ 20 minutes ou jusqu'à ce que la viande et les légumes soient juste tendres.

5 Enlevez le reste de l'écume qui s'est formée à la surface du bouillon avec une écumoire. Épongez la surface avec de l'essuie-tout pour enlever le gras. Goûtez et réassaisonnez si nécessaire.

6 Servez la soupe dans des assiettes creuses chaudes et décorez avec le persil fraîchement haché. Servez accompagné de pain croustillant.

VARIANTE

Cette soupe est tout aussi délicieuse avec du filet d'agneau ou du porc maigre. Pour une version végétarienne, omettez le bœuf et le bouillon de bœuf et utilisez à la place du bouillon de légumes. Juste avant de servir, ajoutez 175 g/ 6 onces de tofu frais, égoutté et coupé en dés. Pour un potage encore plus consistant, remplacez la carotte par des rutabagas ou des navets ou ajoutez-les en plus.

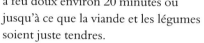

Soupe de poisson à la Méditerranéenne

Des morceaux de poisson moelleux et des crustacés fastueux sont cuisinés dans un bouillon parfumé à la tomate, aux herbes et au vin blanc. Servir avec du pain grillé frotté à l'ail.

Pour 4 personnes

CALORIES PAR PORTION: 270 • MATIÈRES GRASSES PAR PORTION: 5,3 G

INGRÉDIENTS

1 cuil. à soupe d'huile d'olive
1 gros oignon, haché
2 gousses d'ail, finement hachées
425 ml/ 15 oz liquides/ 1¾ tasse de bouillon de poisson frais
150 ml/ 5 oz liquides/ ⅔ tasse de vin blanc sec
1 feuille de laurier
1 brin de thym, de romarin et d'origan frais

450 g/ 1 lb de filets de poisson à chair blanche (tel que cabillaud, lotte ou flétan), sans la peau et coupés en cubes de 2,5 cm/ 1 pouce
450 g/ 1 lb de moules fraîches préparées
1 boîte de 400 g/ 14 onces de tomates en morceaux
225 g/ 8 onces de crevettes décortiquées, dégelées si elles sont surgelées

sel et poivre
brins de thym, pour le décor

POUR SERVIR :
quartiers de citron
4 tranches de baguettes grillées, frottées avec une gousse d'ail coupée

1 Chauffez l'huile dans une grande casserole et faites revenir doucement l'oignon et l'ail pendant 2-3 minutes.

2 Versez le bouillon et le vin et portez à ébullition. Attachez la feuille de laurier et les herbes ensemble avec de la ficelle propre et ajoutez à la casserole avec le poisson et les moules. Remuez bien, couvrez et laissez cuire 5 minutes à feu doux.

3 Ajoutez les tomates et les crevettes, remuez, et laissez cuire encore 3-4 minutes jusqu'à ce que le mélange soit très chaud et que le poisson soit entièrement cuit.

4 Retirez les herbes et les moules qui ne se sont pas ouvertes. Assaisonnez, puis versez dans des assiettes creuses chaudes. Décorez de brins de thym frais et servez accompagné de quartiers de citron et de pain grillé.

MON CONSEIL

Traditionnellement, on met le pain grillé dans l'assiette avant de verser la soupe dessus. Pour gagner du temps, vous pouvez acheter des mélanges de crustacés cuits tout prêts à la place du poisson frais. Ajoutez-les tout simplement à la soupe avec les tomates à l'étape 3.

Soupe toscane aux haricots et aux légumes

Ce mélange épais et nourrissant est composé de haricots et de légumes en dés cuits dans un bouillon riche de tomates et de vin rouge basé sur un grand classique italien, convenant à un souper convivial.

Pour 4 personnes

CALORIES PAR PORTION: 156 • MATIÈRES GRASSES PAR PORTION: 1,5 G

INGRÉDIENTS

1 oignon moyen, haché
1 gousse d'ail, finement hachée
2 branches de céleri, en morceaux
1 grosse carotte, en dés
1 boîte de 400 g/ 14 onces de tomates
   en morceaux

150 ml/ 5 oz liquides/ ²/₃ tasse de vin
   rouge italien sec
1,2 litre/ 2 pintes/ 5 tasses de bouillon
   de légumes frais
1 cuil. à café d'origan séché
1 boîte de 425 g/ 15 onces de haricots
   et légumes secs mélangés

2 courgettes moyennes, en dés
1 cuil. à soupe de concentré de tomates
sel et poivre

POUR SERVIR :
pesto allégé (voir page 146)
pain croustillant

1 Mettez l'oignon, l'ail, le céleri et la carotte préparés dans une grande casserole. Ajoutez les tomates, le vin rouge, le bouillon de légumes et l'origan et remuez.

2 Portez le mélange aux légumes à ébullition, couvrez et laissez cuire 15 minutes à feu doux. Ajoutez les haricots et les courgettes, remuez, et laissez cuire, à découvert, encore 5 minutes.

3 Ajoutez le concentré de tomates au mélange puis salez et poivrez.

Faites réchauffer, en remuant de temps en temps, pendant encore 2-3 minutes, sans reporter à ébullition.

4 Versez la soupe dans des assiettes creuses chaudes et servez avec chaque portion une cuillerée de pesto allégé (voir page 146), le tout accompagné de pain croustillant.

VARIANTE

Pour une soupe plus consistante, ajoutez 350 g/ 12 onces de viande de poulet ou de dinde maigre cuite avec le concentré de tomates à l'étape 3.

Soupe aux lentilles, aux pâtes et aux légumes

*Fortement parfumée à l'ail, cette soupe constitue un dîner nourrissant
lorsqu'elle est servie avec du pain croustillant et une salade verte.*

Pour 4 personnes

CALORIES PAR PORTION: 378 • MATIÈRES GRASSES PAR PORTION: 4,9 G

INGRÉDIENTS

1 cuil. à soupe d'huile d'olive
1 oignon moyen, haché
4 gousses d'ail, finement hachées
350 g/ 12 onces de carottes, en rondelles
1 branche de céleri, en morceaux
225 g/ 8 onces/ 1¼ tasse de lentilles rouges

600 ml/ 1 pinte / 2½ tasses de bouillon de légumes frais
700 ml/ 1¼ pinte/ à peine 3 tasses d'eau bouillante
150 g / 5½ onces/ à peine une tasse de pâtes

150 ml/ 5 oz liquides / ⅔ tasse de fromage blanc battu (yaourt non sucré) nature, à 0%, plus un peu pour servir
sel et poivre
2 cuil. à soupe de persil frais, haché, pour le décor

1 Chauffez l'huile dans une grande casserole et faites revenir doucement l'oignon, l'ail, les carottes et le céleri préparés, en remuant délicatement pendant 5 minutes.

2 Ajoutez les lentilles, le bouillon et l'eau bouillante. Assaisonnez bien, remuez et portez de nouveau à ébullition. Laissez cuire à feu doux et à découvert pendant 15 minutes, jusqu'à ce que les lentilles soient bien tendres. Laissez refroidir 10 minutes.

3 Pendant ce temps, faites bouillir de l'eau dans une autre casserole et faites cuire les pâtes en suivant les instructions sur le paquet. Égouttez et réservez.

4 Mettez la soupe dans un mixeur et mixez jusqu'à ce qu'elle soit homogène. Remettez dans la casserole et ajoutez les pâtes. Portez de nouveau à ébullition et faites chauffer 2-3 minutes jusqu'à ce que la soupe soit bien chaude retirez du feu et ajoutez le fromage blanc (yaourt) en remuant. Goûtez et réassaisonnez si nécessaire.

5 Servez la soupe parsemée de poivre noir fraîchement moulu et de persil haché, en y ajoutant du fromage blanc (yaourt) en plus, à votre goût.

MON CONSEIL

Évitez de faire bouillir la soupe après y avoir ajouté le fromage blanc (yaourt). Sinon, il aura tendance à se séparer et à devenir trop liquide, ce qui nuirait à l'aspect esthétique de la soupe.

Velouté au maïs

Inspiré de la traditionnelle recette américaine aux palourdes, ce velouté nourrissant aux grains de maïs tendres et au bouillon onctueux est particulièrement délicieux parsemé de dés de jambon maigre.

Pour 4 personnes

CALORIES PAR PORTION: 346 • MATIÈRES GRASSES PAR PORTION: 2,4 G

INGRÉDIENTS

1 gros oignon, haché

1 grosse pomme de terre, épluchée et coupée en dés

1 litre/ 1³/₄ pinte de lait écrémé

1 feuille de laurier

¹/₂ cuil. à café de noix de muscade en poudre

450 g/ 1 lb de grains de maïs, en boîte ou surgelés, égouttés ou dégelés

1 cuil. à soupe de Maïzena

3 cuil. à soupe d'eau froide

4 cuil. à soupe de fromage blanc battu (yaourt non sucré) nature, à 0%

sel et poivre

POUR LE DÉCOR :

100 g/ 3¹/₂ onces de jambon maigre, en dés

2 cuil. à soupe de ciboulette fraîche, ciselée

1 Mettrez l'oignon et la pomme de terre dans une grande casserole et mouillez avec le lait. Ajoutez la feuille de laurier, la noix de muscade et la moitié du maïs. Portez à ébullition, couvrez et laissez cuire à feu doux 15 minutes, jusqu'à ce que la pomme de terre soit tendre. Remuez la soupe de temps en temps et maintenez le feu doux pour que le lait ne brûle pas au fond de la casserole.

2 Jetez la feuille de laurier et laissez refroidir le liquide pendant 10 minutes. Mettez dans un mixeur et mixez pendant quelques secondes, ou bien passez au moulin à légumes.

3 Versez le liquide mixé dans une casserole. Délayez la Maïzena avec l'eau et ajoutez à la soupe en remuant.

4 Portez de nouveau à ébullition, en remuant, jusqu'à ce que la soupe épaississe, puis ajoutez le reste du maïs. Faites réchauffer 2-3 minutes pour que la soupe soit bien chaude.

5 Retirez du feu et assaisonnez bien. Ajoutez le fromage blanc (yaourt) et mélangez. Versez la soupe dans des assiettes creuses chaudes et servez-la parsemée de dés de jambons et de ciboulette ciselée.

VARIANTE

Pour une soupe plus consistante, ajoutez 225 g/ 8 onces de chair de crabe blanche émiettée ou de crevettes décortiquées à l'étape 4.

Soupe à la tomate et aux poivrons rouges

Mélange de poivrons rouges sucrés et de tomates acides, cette soupe de légumes onctueuse est idéale servie en entrée ou comme déjeuner léger.

Pour 4 personnes

CALORIES PAR PORTION: 93 • MATIÈRES GRASSES PAR PORTION: 1 G

INGRÉDIENTS

2 gros poivrons rouges
1 gros oignon, haché
2 branches de céleri, nettoyées et hachées
1 gousse d'ail, écrasée

600 ml/ 1 pinte/ 2½ tasses de bouillon de légumes frais
2 feuilles de laurier
2 boîtes de 400 g/ 14 onces de tomates entières

sel et poivre
2 oignons primeurs, en fines lanières, pour le décor
pain croustillant, pour servir

1 Préchauffez le gril sur chaud. Coupez les poivrons en deux et enlevez les graines, disposez-les sur le gril et faites-les cuire 8-10 minutes, en les tournant de temps en temps, jusqu'à ce qu'ils soient tendres et grillés.

2 Laissez refroidir légèrement, puis enlevez soigneusement la peau grillée. Réservez un petit morceau pour décorer, puis hachez la chair des poivrons et mettez dans une grande casserole.

3 Incorporez l'oignon, le céleri et l'ail. Ajoutez le bouillon et les feuilles de laurier. Portez à ébullition, couvrez et faites cuire 15 minutes à feu doux. Retirez du feu.

4 Ajoutez les tomates en remuant et transvasez le tout dans un mixeur. Mixez quelques secondes jusqu'à ce que le mélange soit homogène. Remettez dans la casserole.

5 Assaisonnez et faites réchauffer 3-4 minutes jusqu'à ce que la soupe soit bien chaude. Versez dans des assiettes creuses chaudes et décorez avec le poivron réservé coupé en lanières et l'oignon primeur. Servez avec du pain croustillant.

MON CONSEIL

Si vous préférez une soupe plus robuste avec des morceaux, écrasez légèrement les tomates à l'aide d'une cuillère en bois et ne mixez pas à l'étape 4.

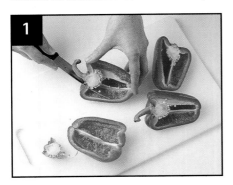

Potage aux carottes, aux pommes et au céleri

Ce potage au goût frais est idéal comme entrée légère. Utilisez la variété de pomme à croquer
que vous préférez plutôt qu'une variété à cuire qui donnerait un goût trop âpre.

Pour 4 personnes

CALORIES PAR PORTION : 150 • MATIÈRES GRASSES PAR PORTION : 1,4 G

INGRÉDIENTS

900 g/ 2 lb de carottes, coupés en petits dés	1 litre/ 1³/₄ pinte de bouillon de légumes frais	2 cuil. à café de sucre en poudre
1 oignon moyen, haché	3 pommes à croquer moyennes	¹/₄ d'un gros citron
3 branches de céleri, nettoyées et coupées en dés	2 cuil. à soupe de concentré de tomates	sel et poivre
	1 feuille de laurier	feuilles de céleri, lavées et coupées en lanières pour le décor

1 Mettez les carottes, l'oignon et le céleri préparés dans une grande casserole et ajoutez le bouillon. Portez à ébullition, couvrez et laissez cuire 10 minutes à feu doux.

2 Pendant ce temps, épluchez 2 des pommes, enlevez le cœur et coupez-les en dés. Ajoutez à la casserole les morceaux de pommes, le concentré de tomates, la feuille de laurier et le sucre en poudre et portez à ébullition. Baissez le feu, couvrez à moitié et laissez cuire 20 minutes à feu doux. Retirez la feuille de laurier et jetez-la.

3 Pendant ce temps, lavez la pomme restante, enlevez le cœur et coupez-la en lamelles fines, sans enlever la peau. Mettez les lamelles de pommes dans une petite casserole et pressez dessus le jus de citron. Faites chauffer doucement et laissez cuire à feu doux 1-2 minutes, jusqu'à ce que les lamelles soient tendres. Égouttez et réservez.

4 Mettez le mélange de carottes et de pommes dans un mixeur et mixez jusqu'à ce que le mélange soit homogène, ou bien passez le mélange au moulin à légumes en utilisant une grille fine.

5 Faites réchauffer la soupe doucement si nécessaire, puis salez et poivrez. Versez la soupe dans des assiettes creuses chaudes et juste avant de servir, décorez avec les lamelles de pommes et les feuilles de céleri réservées.

MON CONSEIL

Faites tremper les fruits de couleur claire
dans du jus de citron pour empêcher
qu'ils ne noircissent.

Potage froid relevé au concombre et aux crevettes

Servi sur de la glace un soir d'été, ce potage est une entrée rafraîchissante.
Il doit au yaourt sa saveur fraîche et au tabasco sa pointe d'épice.

Pour 4 personnes

CALORIES PAR PORTION : 104 • MATIÈRES GRASSES PAR PORTION: 1 G

INGRÉDIENTS

1 concombre, épluché et coupé en dés
400 ml/ 14 oz liquides/ 1²/₃ tasse de bouillon de poisson frais, réfrigéré
150 ml/ 5 oz liquides/ ²/₃ tasse de jus de tomate
150 ml/ 5 oz liquides/ ²/₃ tasse de yaourt (non sucré) nature, à 0%
150 ml/ 5 oz liquides/ ²/₃ tasse de

fromage blanc battu à 0% (ou deux fois la quantité de yaourt)
125 g/ 4¹/₂ onces de crevettes décortiquées, dégelées si elles sont surgelées, hachées en gros morceaux
quelques gouttes de tabasco
1 cuil. à soupe de menthe fraîche, hachée

sel et poivre blanc
glaçons, pour servir

POUR LE DÉCOR :
brins de menthe
rondelles de concombre
crevettes décortiquées entières

1 Mettez le concombre coupé en dés dans un mixeur ou robot de cuisine et mixez pendant quelques secondes pour obtenir un mélange homogène. Vous pouvez aussi couper le concombre en morceaux plus fins et le passer au moulin à légumes en utilisant la grille fine.

2 Mettez le concombre dans un saladier. Ajoutez, en remuant, le bouillon, le jus de tomate, le yaourt, le fromage blanc (s'il est utilisé) et les crevettes et mélangez bien le tout. Ajoutez le tabasco et assaisonnez.

3 Ajoutez la menthe hachée et remuez, couvrez et réfrigérez pendant au moins 2 heures.

4 Versez le potage dans des coupelles en verre et ajoutez quelques glaçons. Décorez avec la menthe, les rondelles de concombre et les crevettes entières et servez.

VARIANTE

Vous pouvez remplacer les crevettes par de la chair de crabe blanche ou du poulet haché. Pour une variante végétarienne, omettez les crevettes et ajoutez 125 g/ 4¹/₂ onces supplémentaires de concombre coupé en petits dés. Utilisez du bouillon de légumes frais au lieu du bouillon de poisson.

Melon & fraises au rosé

*Cette association de melon sucré et de fraises macérées dans un vin rosé
et un soupçon d'eau de rose constitue une entrée délicieuse pour une occasion spéciale.*

Pour 4 personnes

CALORIES PAR PORTION : 83 • MATIÈRES GRASSES PAR PORTION : 0,2 G

INGRÉDIENTS

¹/₄ melon d'hiver/ melon d'Antibes
¹/₂ charentais ou cantaloup
150 ml/ 5 oz liquides/ ²/₃ tasse de vin
   rosé

2-3 cuil. à café d'eau de rose
175 g/ 6 onces de petites fraises, lavées
   et équeutées

pétales de rose, pour le décor

---

1 Retirez les pépins des melons à l'aide d'une cuillère. Puis enlevez soigneusement la peau, en prenant soin de pas enlever trop de chair.

2 Coupez la chair du melon en fines lamelles et mettez-la dans un saladier. Versez le vin dessus et une quantité d'eau de rose à votre goût. Mélangez le tout en remuant délicatement, couvrez et réfrigérez au moins 2 heures.

3 Coupez les fraises en deux et mélangez soigneusement au melon. Laissez reposer les fraises et le melon à température ambiante environ 15 minutes pour que les parfums se dégagent – si le melon est trop froid, il aura peu de goût.

4 Disposez dans des assiettes individuelles, et garnissez de quelques pétales de rose.

MON CONSEIL

Vous pouvez généralement trouver de l'eau de rose dans les grands hypermarchés, mais aussi dans des magasins diététiques plus spécialisés.

MON CONSEIL

Le rosé peut être sec ou sucré peu importe – bien que le vin sucré ait davantage de calories. Essayez avec différents types de melon. Certaines variétés ont une chair vert pâle, alors que le charentais, de chair orange, est parfumé et va mieux avec un vin sec. Si vous le souhaitez, vous pouvez faire macérer les fraises dans le vin avec le melon, mais laissez toujours les fruits revenir à température ambiante avant de servir.

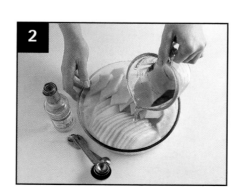

Assiette italienne

Ce hors d'œuvre fameux se compose généralement de légumes macérés dans l'huile d'olive
et accompagnés de fromages riches et crémeux. Vous apprécierez tout autant cette version allégée.

Pour 4 personnes

CALORIES PAR PORTION : 175 ● MATIÈRES GRASSES PAR PORTION : 7,6 G

INGRÉDIENTS

125 g/ 4¹/₂ onces de mozzarella allégée,
   égouttée
60 g/ 2 onces de jambon de Parme
   (prosciutto) maigre
400 g/ 14 onces de cœurs d'artichauts,
   égouttés
4 figues mûres

1 petite mangue
quelques Grissinis nature, pour servir

POUR LA SAUCE DE SALADE :
1 petite orange
1 cuil. à soupe de passata (tomates
   passées au tamis)

1 cuil. à café de moutarde gros grains
4 cuil. à soupe de yaourt (non sucré)
   nature, à 0%
feuilles de basilic frais
sel et poivre

1 Coupez le fromage en 12 bâtonnets de 6,5 cm/ 2¹/₂ pouces de long. Enlevez le gras du jambon et coupez le jambon en 12 longues bandes.

2 Enveloppez soigneusement de jambon chaque bâtonnet de fromage et dressez sur un plat.

3 Coupez les cœurs d'artichauts en deux et coupez les figues en quartiers. Disposez-les en groupe sur le plat de service.

4 Épluchez la mangue, puis tranchez-la de chaque côté du gros noyau plat. Coupez la chair en lamelles et disposez-les en éventail sur le plat.

5 Pour faire la sauce, ôtez l'écorce de l'orange avec un couteau. Coupez le zeste en petites lanières et mettez-le dans un saladier. Pressez le jus de l'orange et versez-le dans le saladier contenant le zeste.

6 Ajoutez la passata (tomates passées au tamis), la moutarde, le yaourt,

sel et poivre dans le saladier et remuez. Coupez les feuilles de basilic en long et incorporez-les à la sauce.

7 Versez la sauce dans un petit bol et servez avec l'assiette italienne, accompagné de Grissinis.

Muffins du Petit déjeuner

Démarrez la journée en beauté avec ce petit déjeuner ou brunch nourrissant composé d'un muffin grillé,
recouvert de bacon maigre, de tomates grillées, de champignons et d'un œuf poché.

Pour 4 personnes

CALORIES PAR PORTION : 270 • MATIÈRES GRASSES PAR PORTION : 12,3 G

INGRÉDIENTS

2 muffins à farine complète
8 tranches de bacon maigre,
    découenné
4 œufs moyens

2 grosses tomates
2 gros champignons plats
4 cuil. à soupe de bouillon de légumes
    frais

sel et poivre
1 petite botte de ciboulette, ciselée,
    pour le décor

1 Préchauffez le gril sur moyen. Coupez les muffins en deux et faites-les griller légèrement 1-2 minutes sur le côté coupé. Réservez au chaud.

2 Enlevez tout le gras visible du bacon et faites-le griller 2-3 minutes de chaque côté jusqu'à ce qu'il soit entièrement cuit. Égouttez sur de l'essuie-tout pour éliminer le gras et gardez au chaud.

3 Pochez 4 œufs dans une pocheuse ou dans une poêle. Portez l'eau à ébullition et réduisez la chaleur pour faire cuire à feu doux. Cassez soigneusement les œufs et pochez-les doucement dans l'eau frémissante 5-6 minutes jusqu'à ce qu'ils soient pris.

4 Pendant ce temps, coupez les tomates en 8 tranches épaisses et mettez-les au gril garni de papier d'aluminium. Faites-les griller 2-3 minutes jusqu'à ce qu'elles soient tout juste cuites. Assaisonnez.

5 Épluchez les champignons et coupez-les en tranches épaisses. Mettez-les dans une casserole avec le bouillon, portez à ébullition, couvrez et laissez cuire 4-5 minutes à feu doux, jusqu'à ce qu'ils soient cuits. Égouttez et gardez au chaud.

6 Pour servir, disposez les tranches de tomate et de champignon sur les muffins grillés et recouvrez chacun de 2 tranches de bacon. Disposez délicatement un œuf sur chacun des muffins et parsemez d'un peu de poivre. Décorez avec de la ciboulette ciselée et servez immédiatement.

VARIANTE

Pour une version végétarienne, remplacez
le bacon par davantage de tomates et de
champignons. Vous pouvez aussi recouvrir
le muffin d'un hamburger au tofu ou
au Quorn allégé et grillé.

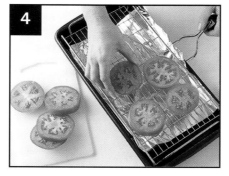

Rouleaux de jambon et de céleri gratinés

Du céleri craquant enveloppé dans du jambon maigre, recouvert d'une légère croûte de fromage et d'oignons primeurs pour un déjeuner léger délicieux.

Pour 4 personnes

CALORIES PAR PORTION : 155 • MATIÈRES GRASSES PAR PORTION : 6,9 G

INGRÉDIENTS

4 branches de céleri, avec les feuilles
12 tranches minces de jambon maigre
1 botte d'oignons primeurs
175 g/ 6 onces de fromage frais allégé
    avec ail et fines herbes

6 cuil. à soupe de yaourt nature (non
    sucré) à 0%
4 cuil. à soupe de parmesan,
    fraîchement râpé
sel de céleri et poivre

POUR SERVIR :
salade de tomates
pain croustillant

1 Lavez le céleri, enlevez les feuilles et réservez (au choix). Coupez les branches de céleri en trois morceaux égaux.

2 Enlevez tout le gras visible du jambon et posez les tranches sur une planche à découper. Mettez un morceau de céleri sur chaque tranche de jambon et roulez. Prenez 4 petits plats résistants à la chaleur et dressez trois rouleaux de jambon et céleri dans chacun.

3 Nettoyez les oignons primeurs, puis coupez le blanc et le vert en fines lanières. Parsemez les oignons primeurs sur les rouleaux de jambon et céleri et assaisonnez de sel de céleri et de poivre.

4 Mélangez le fromage frais et le yaourt et nappez-en les rouleaux de jambon et céleri à l'aide d'une cuillère.

5 Préchauffez le gril sur moyen. Parsemez chaque portion d'une cuillérée à soupe de parmesan et faites griller 6-7 minutes jusqu'à ce que le plat soit chaud et que le fromage ait formé une croûte. Si le fromage grille trop vite, baissez légèrement le gril.

6 Servez immédiatement, décoré de feuilles de céleri hachées (au choix) et accompagné d'une salade de tomates et de pain croustillant.

MON CONSEIL

Le parmesan est utile en cuisine légère car, du fait de sa saveur relevée, il n'en faut qu'une petite quantité.

Pâté persillé au poulet et au jambon

Faire un pâté maison est chose facile, et ce mélange de poulet maigre,
de jambon et de fines herbes est particulièrement simple à réaliser.

Pour 4 personnes

CALORIES PAR PORTION : 132 • MATIÈRES GRASSES PAR PORTION : 1,8 G

INGRÉDIENTS

225 g/ 8 onces de poulet cuit maigre,
  sans peau
100 g/ 3$^1/_2$ onces de jambon maigre,
  gras enlevé
petit bouquet de persil frais
1 cuil. à café de zeste de citron vert,
  râpé

2 cuil. à soupe de jus de citron vert
1 gousse d'ail, épluchée
125 ml/ 4$^1/_2$ oz liquides/ $^1/_2$ tasse de
  fromage blanc battu (yaourt non
  sucré) nature, à 0%
sel et poivre

1 cuil. à café de zeste de citron vert,
  pour le décor

POUR SERVIR :
quartiers de citron vert
pain croustillant
salade verte

1 Coupez le poulet et le jambon en dés et mettez dans un mixeur ou un robot. Ajoutez le persil, le zeste et le jus de citron vert, et l'ail et mixez jusqu'à ce que le mélange soit finement haché. Vous pouvez aussi hacher finement le poulet, le jambon, le persil et l'ail et les mettre dans un saladier, puis mélanger délicatement le zeste et le jus de citron vert.

2 Mettez la préparation dans un saladier et mélangez avec le fromage blanc (yaourt). Salez et poivrez, couvrez et réfrigérez environ 30 minutes.

3 Mettez le pâté dans des ramequins et décorez avec le zeste de citron vert. Servez le pâté avec des quartiers de citron vert, du pain croustillant et une salade verte.

VARIANTE

Ce pâté peut tout aussi bien être réalisé avec d'autres sortes de viandes hachées maigres et cuites, telles que la dinde, le bœuf et le porc. Vous pouvez aussi remplacer le poulet et le jambon par des crevettes décortiquées et/ou de la chair blanche de crabe ou du thon au naturel, égoutté. N'oubliez pas que le fait d'enlever la peau de la volaille réduit la quantité de matières grasses d'un plat.

Terrines d'épinards au fromage

Ces petites terrines pleines de saveur sont idéales en entrée ou comme déjeuner léger.
Servez-les avec des pitas chauds.

Pour 4 personnes

CALORIES PAR PORTION : 64 • MATIÈRES GRASSES PAR PORTION : 0,2 G

INGRÉDIENTS

100 g/ 3¹/₂ onces de feuilles d'épinards fraîches

300 g/ 10¹/₂ onces de fromage frais au lait écrémé

2 gousses d'ail, écrasées

brins de persil, d'estragon et ciboulette frais, finement hachés

sel et poivre

POUR SERVIR :
feuilles de salade et herbes fraîches
pitas

1 Enlevez les tiges des feuilles d'épinards et rincez les feuilles sous l'eau courante. Empilez les feuilles encore mouillées dans une casserole, couvrez et laissez cuire 3-4 minutes jusqu'à ce qu'elles se soient ramollies – elles cuiront à la vapeur formée par les feuilles mouillées (ne pas faire trop cuire). Égouttez bien et épongez avec de l'essuie-tout.

2 Garnissez le fond de quatre ramequins de papier sulfurisé. Garnissez les ramequins de feuilles d'épinards de telle sorte que les feuilles retombent tout autour du ramequin si elles sont suffisamment grandes pour le faire.

3 Mettez le fromage dans un saladier et ajoutez l'ail et les herbes. Mélangez bien ensemble et assaisonnez.

4 Déposez le mélange de fromage et d'herbes à l'aide d'une cuillère dans les ramequins et rabattez les feuilles d'épinard pour couvrir le fromage, ou disposez dessus des feuilles supplémentaires pour recouvrir. Mettez un cercle de papier sulfurisé sur chaque ramequin et posez dessus un poids de 100 g/ 3¹/₂ onces. Réfrigérez 1 heure.

5 Enlevez les poids et le papier. Passez une lame de couteau tout le tour de chaque ramequin pour dégager la terrine et démoulez sur des assiettes individuelles. Servez avec des feuilles de salade et des herbes fraîches mélangées et des pitas chauds.

Omelette soufflée garnie

La délicieuse garniture de tomates cerises sucrées, de champignons, et de feuilles de roquette piquantes contraste avec la légèreté des omelettes mousseuses, que vous réaliserez une par une.

Pour 4 personnes

CALORIES PAR PORTION : 141 • MATIÈRES GRASSES PAR PORTION : 9,7 G

INGRÉDIENTS

175 g/ 6 onces de tomates cerises
225 g/ 8 onces de champignons
 mélangés (de Paris, shiitakés et
 champignons des bois)

4 cuil. à soupe de bouillon de légumes
 frais
petit brin de thym frais
4 œufs moyens, séparés
4 blancs d'œufs moyens

4 cuil. à café d'huile d'olive
25 g/ 1 once de feuilles de roquette
sel et poivre
brins de thym frais, pour le décor

1 Coupez les tomates en deux et mettez-les dans une casserole. Essuyez les champignons avec de l'essuie-tout, enlevez les parties tachées si nécessaire et coupez-les en tranches s'ils sont gros. Ajoutez-les à la casserole.

2 Ajoutez le bouillon et le thym. Portez à ébullition, couvrez et laissez cuire 5-6 minutes à feu doux, jusqu'à ce que les légumes soient tendres. Égouttez, ôtez le thym, et gardez la préparation au chaud.

3 Pendant ce temps, battez les jaunes d'œufs avec 8 cuil. à soupe d'eau pour obtenir un mélange mousseux. Dans un saladier propre et non gras, battez les 8 blancs en neige jusqu'à ce qu'ils soient fermes et secs.

4 À l'aide d'une cuillère en métal, incorporez le mélange de jaunes d'œufs aux blancs pour obtenir une préparation homogène. Veillez à ne pas faire retomber les blancs.

5 Pour chaque omelette, badigeonnez une petite poêle à omelette d'1 cuil. à café d'huile et attendez que l'huile soit bien chaude. Versez un quart du mélange d'œufs et laissez cuire 4-5 minutes jusqu'à ce que l'omelette soit prise.

6 Préchauffez le gril sur moyen et finissez de faire cuire l'omelette 2-3 minutes.

7 Dressez l'omelette sur un plat chaud. Garnissez une moitié de l'omelette de quelques feuilles de roquette, et d'un quart du mélange de champignons et de tomates. Rabattez l'autre moitié par dessus, puis décorez de brins de thym et servez.

Poivrons grillés au riz et au thon

Assortiment de poivrons grillés farcis de thon tendre, de maïs, de riz complet au goût de noix et de riz sauvage garni de cheddar allégé râpé.

Pour 4 personnes

CALORIES PAR PORTION : 383 • MATIÈRES GRASSES PAR PORTION : 6,8 G

INGRÉDIENTS

60 g/ 2 onces/ ⅓ tasse de riz sauvage
60 g/ 2 onces/ ⅓ tasse de riz complet
assortiment de 4 poivrons moyens
1 boîte de 200 g/ 7 onces de thon au naturel, égoutté et émietté

1 boîte de 325 g/ 11½ onces de grains de maïs (sans sucre, ni sel ajouté), égouttés
100 g/ 3½ onces de cheddar allégé, râpé
1 bouquet de feuilles de basilic frais, en lanières
2 cuil. à soupe de chapelure

1 cuil. à soupe de parmesan, fraîchement râpé
sel et poivre
feuilles de basilic fraîches, pour le décor
salade verte, pour servir

1 Mettez les 2 types de riz dans deux casseroles différentes, recouvrez d'eau et faites cuire en suivant les instructions sur le paquet. Égouttez bien.

2 Pendant ce temps, préchauffez le gril sur moyen. Coupez les poivrons en deux, enlevez les pépins et les tiges et disposez les poivrons sur le gril, en posant le côté coupé sur la grille. Laissez cuire 5 minutes, retournez les poivrons et faites cuire encore 4-5 minutes.

3 Mettez le riz cuit dans un saladier et ajoutez le thon émietté et le maïs égoutté. Incorporez délicatement le cheddar râpé puis les feuilles de basilic et assaisonnez.

4 Divisez le mélange de thon et de riz en 8 portions égales. Remplissez chacune des moitiés de poivron cuite. Mélangez la chapelure avec le parmesan et parsemez-en chaque moitié de poivron.

5 Remettez les poivrons 4-5 minutes sur le gril jusqu'à ce qu'ils soient chauds et dorés. Servez-les immédiatement, garnis de feuilles de basilic frais et accompagnés d'une salade verte.

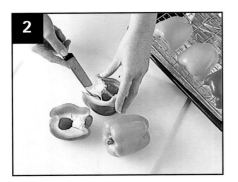

Pommes de terre en robe des champs farcies

*Des pommes de terre croquantes passées au four deux fois sont accompagnées d'une farce originale
aux saveurs du Moyen-Orient : pois chiches, cumin et coriandre.*

Pour 4 personnes

CALORIES PAR PORTION : 354 • MATIÈRES GRASSES PAR PORTION : 5,9 G

INGRÉDIENTS

4 grosses pommes de terre d'environ
  300 g/ 10$\frac{1}{2}$ onces chacune
1 cuil. à soupe d'huile végétale
1 boîte de 430 g/ 15$\frac{1}{2}$ onces de pois
  chiches, égouttés

1 cuil. à café de coriandre en poudre
1 cuil. à café de cumin en poudre
4 cuil. à soupe de coriandre fraîche,
  hachée

150 ml/ 5 oz liquides/ $\frac{2}{3}$ tasse de
  yaourt nature (non sucré) à 0%
sel et poivre
salade, pour servir

1 Préchauffez le four à 200°C/
400°F/ Thermostat 6. Lavez les
pommes de terre et essuyez-les avec de
l'essuie-tout. Piquez-les plusieurs fois à
la fourchette et badigeonnez-les d'huile,
puis assaisonnez.

2 Mettez les pommes de terre sur
une plaque à pâtisserie et laissez
cuire au four 1h-1h$\frac{1}{4}$ ou jusqu'à ce
qu'elles soient entièrement cuites.
Laissez refroidir 10 minutes.

3 Pendant ce temps, écrasez les
pois chiches à la fourchette ou
au presse-purée. Ajoutez les épices et la

moitié de la coriandre hachée et remuez.
Couvrez et réservez.

4 Coupez les pommes de terre
cuites en deux. Évidez-les à l'aide
d'une cuillère et mettez la chair dans un
saladier, en laissant la peau des pommes
de terre intacte. Écrasez la chair en
purée homogène et incorporez-la
délicatement dans le mélange de pois
chiches avec le yaourt. Assaisonnez bien.

5 Mettez les peaux de pomme de
terre sur une plaque à pâtisserie et
remplissez-les avec le mélange de purée
et de pois chiches. Remettez les

pommes de terre au four et laissez
cuire 10-15 minutes, jusqu'à ce qu'elles
soient réchauffées. Parsemez le restant
de coriandre hachée et servez avec une
salade rafraîchissante composée de
tomates, de concombre, de coriandre
et d'oignon rouge hachés.

MON CONSEIL

*Pour une recette encore plus légère,
faites cuire les pommes de terre au four
sans les passer à l'huile auparavant.*

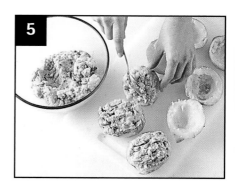

Crêpes aux épinards garnies de crabe au curry

Les crêpes maison sont délicieuses et peuvent être servies avec toutes sortes de garnitures.
Ici le crabe est légèrement parfumé de curry et mélangé à une sauce légère

Pour 4 personnes

CALORIES PAR PORTION : 259 • MATIÈRES GRASSES PAR PORTION : 5,9 G

INGRÉDIENTS

115 g/ 4 onces de farine de sarrasin
1 gros œuf, battu
300 ml/ ½ pinte/ 1¼ tasse de lait écrémé
125 g/ 4½ onces d'épinards surgelés, dégelés, bien égouttés et hachés
2 cuil. à café d'huile végétale

POUR LA GARNITURE :
350 g/ 12 onces de chair de crabe blanche
1 cuil. à café de curry doux en poudre
1 cuil. à soupe de chutney à la mangue
1 cuil. à soupe de mayonnaise allégée
2 cuil. à soupe de yaourt nature (non sucré) à 0%

2 cuil. à soupe de coriandre fraîche, hachée

POUR SERVIR :
salade verte
quartiers de citron

1 Tamisez la farine dans un saladier et retirez toute enveloppe de graine qui pourrait rester dans le tamis.

2 Faites un cratère au milieu de la farine et ajoutez l'œuf. Incorporez progressivement le lait avec un batteur, puis incorporez les épinards. Versez la pâte dans un saladier et laissez reposer 30 minutes.

3 Pour faire la farce, mélangez tous les ingrédients, sauf la coriandre, dans un saladier et réfrigérez jusqu'au moment de vous en servir.

4 Battez la pâte. Badigeonnez une petite poêle à crêpes d'huile, laissez chauffer et versez suffisamment de pâte pour recouvrir le fond de la poêle. Laissez cuire 1-2 minutes jusqu'à ce que la pâte se saisisse, retournez et laissez cuire 1 minute pour obtenir une crêpe dorée. Déposez la crêpe sur une assiette chaude. Répétez l'opération de manière à faire 8 crêpes, en les empilant au fur et à mesure sur l'assiette et en les séparant de papier sulfurisé.

5 Mélangez la coriandre à la préparation au crabe. Pliez chaque crêpe en quatre. Ouvrez un pli et remplissez avec ce mélange. Servez chaud avec une salade verte et des quartiers de citron.

VARIANTE

Essayez cette recette en remplaçant le crabe par des dés de poulet dans une sauce blanche légère ou par des crevettes décortiquées.

Viandes & Volailles

En raison de l'intérêt croissant porté à la cuisine légère, la plupart des supermarchés et des bouchers offrent désormais de la viande coupée dans des morceaux maigres plus recherchés. Bien que ces morceaux soient souvent légèrement plus chers que les morceaux plus ordinaires, vous gagnerez à acheter cette viande et à passer un peu plus de temps à la cuisiner pour en faire ressortir toute la saveur. Il vous faudra moins de viande si vous l'associez à des légumes bien choisis et soigneusement préparés.

Recherchez aussi les paquets de viande hachée à faible teneur en matières grasses dans votre supermarché et faites-en des hamburgers ou servez-la nappée d'une sauce parfumée avec du riz ou avec vos pâtes préférées.

Avant de cuisiner le bœuf ou le porc, enlevez tout le gras visible. Le poulet et la dinde contiennent moins de matières grasses que les viandes rouges, et vous pouvez les rendre encore plus sains en enlevant la peau. Le canard est une viande riche au goût distinctif, et il ne vous en faut qu'une petite quantité pour créer des mets parfumés et diététiques à l'aspect recherché.

Porc poêlé au fenouil et à l'anis

Des côtes de porc maigres garnies d'une farce à l'anis et à l'orange sont cuites à la poêle avec du fenouil dans une sauce sucrée parfumée à l'anis.

Pour 4 personnes

CALORIES PAR PORTION : 242 • MATIÈRES GRASSES PAR PORTION : 6,4 G

INGRÉDIENTS

4 côtes de porc de 125 g/ 4¹/₂ onces chacune

60 g/ 2 onces/ ¹/₃ tasse de riz complet, cuit

1 cuil. à café de zeste d'orange, râpé

4 oignons primeurs, détaillés et finement hachés

¹/₂ cuil. à café d'anis

1 cuil. à soupe d'huile d'olive

1 bulbe de fenouil, nettoyé et coupé en fines tranches

450 ml/ 16 oz liquides/ 2 tasses de jus d'orange non sucré

1 cuil. à soupe de Maïzena

2 cuil. à soupe de Pernod

sel et poivre

fanes de fenouil, pour le décor

légumes cuits, pour servir

---

1 Enlevez le gras des côtes de porc. À l'aide d'un petit couteau tranchant, faites une incision au milieu de chaque côte pour créer une poche.

2 Mélangez le riz, le zeste d'orange, les oignons primeurs, le sel et le poivre, et l'anis ensemble dans un saladier. Enfoncez la farce dans la poche de chaque côte, et appuyez délicatement pour refermer.

3 Chauffez l'huile dans une poêle à frire et faites revenir le porc 2-3 minutes de chaque côté jusqu'à ce qu'il soit doré.

4 Ajoutez les tranches de fenouil et le jus d'orange dans la poêle, portez à ébullition et laissez cuire à feu doux 15-20 minutes, jusqu'à ce que la viande soit tendre et entièrement cuite. Retirez le porc et le fenouil à l'aide d'une écumoire et dressez sur un plat.

5 Délayez la maïzena avec le Pernod dans un bol. Ajoutez la Maïzena délayée dans la poêle et mélangez au jus. Laissez cuire 2-3 minutes, en remuant, jusqu'à ce que la sauce épaississe.

6 Versez la sauce au Pernod sur les côtes de porc, décorez avec les fanes de fenouil et servez avec un assortiment de légumes cuits.

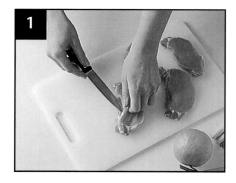

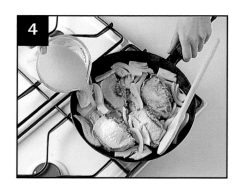

Porc Stroganoff

Porc maigre et tendre, cuit dans une sauce tomate riche avec des champignons et un poivron vert,
et relevé par du yaourt nature (non sucré).

Pour 4 personnes

CALORIES PAR PORTION : 197 • MATIÈRES GRASSES PAR PORTION : 7 G

INGRÉDIENTS

350 g/ 12 onces de filet de porc maigre
1 cuil. à soupe d'huile végétale
1 oignon moyen, haché
2 gousses d'ail, écrasées
25 g/ 1 once de farine
425 ml/ 15 oz liquides/ 1³/₄ tasse de
   bouillon de poulet ou de légumes
   frais

2 cuil. à soupe de concentré de tomates
125 g/ 4¹/₂ onces de petits
   champignons de Paris, émincés
1 gros poivron vert, épépiné et coupé
   en dés
¹/₂ cuil. à café de noix de muscade en
   poudre

4 cuil. à soupe de yaourt nature
   (non sucré) à 0%, et un peu plus
   pour servir
sel et poivre
riz blanc, fraîchement cuit à l'eau,
   pour servir
noix de muscade en poudre, pour le
   décor

1 Enlevez le gras et ôtez la peau argentée de la viande, puis émincez-la en lamelles de 1 cm/ ¹/₂ pouce d'épaisseur.

2 Chauffez l'huile dans une grande casserole et faites revenir doucement le porc, l'oignon et l'ail pendant 4-5 minutes, jusqu'à ce qu'ils soient dorés.

3 Ajoutez la farine et le concentré de tomates, mouillez avec le bouillon et remuez pour bien mélanger.

4 Ajoutez les champignons, le poivron, le sel et le poivre et la noix de muscade. Portez à ébullition, couvrez et laissez cuire 20 minutes à feu doux, jusqu'à ce que le porc soit tendre et entièrement cuit.

5 Retirez la casserole du feu et incorporez le yaourt.

6 Servez le porc et la sauce sur un lit de riz en y ajoutant une cuillérée de yaourt et décorez d'un peu de noix de muscade.

MON CONSEIL

Vous pouvez acheter des bouillons de viande, de légumes et de poisson tout prêts dans les grands supermarchés. Bien qu'ils soient plus chers, ils ont une plus grande valeur nutritionnelle que les bouillons-cubes, qui contiennent beaucoup de sel et d'arômes artificiels. Cependant, rien ne vaut un bouillon maison.

Médaillons de porc poêlés aux pommes et au cidre

Ces morceaux de porc tendres et maigres sont des tranches épaisses coupées dans le filet.
Dans cette recette, elles se marient parfaitement avec les pommes et le cidre sec.

Pour 4 personnes

CALORIES PAR PORTION : 192 • MATIÈRES GRASSES PAR PORTION : 5,7 G

INGRÉDIENTS

8 médaillons de porc maigres, de 50 g/
   1³/₄ once chacun environ
2 cuil. à café d'huile végétale
1 oignon moyen, finement émincé
1 cuil. à café de sucre en poudre
1 cuil. à café de sauge séchée

150 ml/ 5 oz liquides/ ²/₃ tasse de cidre
   sec
150 ml/ 5 oz liquides/ ²/₃ tasse de
   bouillon de poulet ou de légumes
   frais
1 pomme verte

1 pomme rouge
1 cuil. à soupe de jus de citron
sel et poivre
feuilles de sauge fraîches, pour le décor
légumes frais cuits, pour servir

1 Enlevez la ficelle du porc et ôtez le gras éventuel. Renouez avec de la ficelle propre et réservez.

2 Chauffez l'huile dans une poêle et faites revenir l'oignon doucement pendant 5 minutes. Ajoutez le sucre et laissez cuire 3-4 minutes, jusqu'à ce qu'il soit doré.

3 Ajoutez le porc à la poêle et faites-le cuire 2 minutes de chaque côté, jusqu'à ce qu'il soit doré. Ajoutez la sauge, le cidre et le bouillon.

Portez à ébullition puis laissez cuire 20 minutes à feu doux.

4 Pendant ce temps, retirez le cœur des pommes et coupez-les en 8 quartiers. Nappez-les de jus de citron pour qu'ils ne noircissent pas.

5 Ajoutez les pommes au porc et mélangez délicatement. Assaisonnez et laissez cuire 3-4 minutes supplémentaires, jusqu'à ce que les pommes soient tendres.

6 Enlevez la ficelle du porc et servez immédiatement, décoré de sauge fraîche et accompagné de légumes frais.

MON CONSEIL

Si vous ne trouvez pas de médaillons de porc, achetez 400 g/ 14 onces de filet de porc et coupez-le vous-même en médaillons de même taille.

Porc rôti vermillon aux poivrons

Dans ce plat chinois traditionnel, le porc "rougit" pendant la cuisson parce qu'il est arrosé de sauce de soja foncée.
L'idéal est de le servir accompagné d'un assortiment de poivrons.

Pour 4 personnes

CALORIES PAR PORTION : 282 • MATIÈRES GRASSES PAR PORTION : 5 G

INGRÉDIENTS

450 g/ 1 lb de filet de porc maigre
6 cuil. à soupe de sauce de soja foncée
2 cuil. à soupe de xérès sec
1 cuil. à café de poudre aux cinq épices
2 gousses d'ail, écrasées

1 morceau de gingembre frais de
  2,5 cm/ 1 pouce, finement haché
1 gros poivron rouge
1 gros poivron jaune
1 gros poivron orange
4 cuil. à soupe de sucre en poudre

2 cuil. à soupe de vinaigre de vin rouge

POUR LE DÉCOR :
oignons primeurs, en fines lanières
ciboulette fraîche, ciselée

1 Enlevez le gras du porc et toute peau argentée éventuellement présente et mettez la viande dans un plat creux.

2 Mélangez la sauce de soja, le xérès, la poudre aux cinq épices, l'ail et le gingembre. Arrosez le porc avec ce mélange, couvrez et laissez mariner au moins 1 heure au réfrigérateur.

3 Préchauffez le four à 190°C/ 375°F/ Thermostat 5. Égouttez le porc et réservez la marinade. Mettez le porc sur une grille placée sur un plat à rôtir. Faites cuire au four 1 heure ou jusqu'à ce que la viande soit entièrement cuite, en arrosant de temps en temps avec la marinade.

4 Pendant ce temps, coupez les poivrons en deux et enlevez les pépins. Coupez chaque moitié de poivron en 3 morceaux égaux. Disposez-les sur une plaque à pâtisserie et faites-les cuire à côté du porc pendant les 30 dernières minutes de cuisson.

5 Mettez le sucre en poudre et le vinaigre dans une petite casserole et faites chauffer jusqu'à ce que le sucre soit dissous. Portez à bullition et laissez mijoter 3-4 minutes, pour obtenir un mélange sirupeux.

6 Dès que le porc est cuit, sortez-le du four et badigeonnez-le abondamment de sirop. Laissez reposer environ 5 minutes, puis coupez la viande en tranches et dressez sur un plat chaud avec les poivrons.

7 Servez garni d'oignons primeurs et de ciboulette fraîchement ciselée.

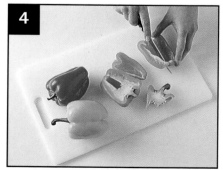

Porc et ratatouille

Cette délicieuse combinaison de viande et de légumes est particulièrement appétissante servie au dîner avec des pommes de terre en robe des champs.

Pour 4 personnes

CALORIES PAR PORTION : 214 • MATIÈRES GRASSES PAR PORTION : 5,6 G

INGRÉDIENTS

4 côtes de porc maigres, désossées, de 125 g/ 4¹/₂ onces environ chacune
1 cuil. à café de fines herbes
sel et poivre
pommes de terre en robe des champs, pour servir

SAUCE :
1 oignon moyen
1 gousse d'ail
1 petit poivron vert
1 petit poivron jaune
100 g/ 3¹/₂ onces de petits champignons de Paris

1 courgette moyenne
1 boîte de 400 g/ 14 onces de tomates en morceaux
2 cuil. à soupe de concentré de tomates
1 cuil. à café de fines herbes de Provence séchées
1 cuil. à café de sucre en poudre

1 Pour faire la sauce, épluchez et hachez l'oignon et l'ail. Épépinez les poivrons et coupez-les en dés. Nettoyez la courgette et coupez-la en dés. Essuyez les champignons et coupez-les en deux.

2 Mettez tous les légumes dans une casserole puis ajoutez les tomates en morceaux et le concentré de tomates et remuez. Ajoutez les fines herbes et le sucre, et assaisonnez bien. Portez à ébullition, couvrez et laissez cuire 20 minutes à feu doux.

3 Pendant ce temps, préchauffez le gril sur moyen. Enlevez le gras des côtes de porc, puis assaisonnez des deux côtés et frottez-les avec les fines herbes. Faites cuire les côtes 5 minutes, puis tournez-les et laissez cuire encore 6-7 minutes, jusqu'à ce qu'elles soient entièrement cuites.

4 Laissez égoutter la viande sur de l'essuie-tout et servez accompagné de la sauce et des pommes de terre en robe des champs.

MON CONSEIL

Cette sauce aux légumes peut être servie avec toute autre viande ou tout poisson grillés ou cuits au four. Elle pourrait aussi constituer une excellente farce pour les Crêpes aux épinards, page 46.

Curry de bœuf à l'orange

Des morceaux de bœuf tendres à la saveur piquante d'orange associée à la chaleur des épices indiennes.
Pour un repas équilibré, servez avec du riz nature et du raïta au concombre.

Pour 4 personnes

CALORIES PAR PORTION : 283 • MATIÈRES GRASSES PAR PORTION : 10,5 G

INGRÉDIENTS

1 cuil. à soupe d'huile végétale

225 g/ 8 onces d'échalotes, coupées en deux

2 gousses d'ail, écrasées

450 g/ 1 lb de bœuf maigre pris dans la culotte ou dans l'aloyau et coupé en cubes de 2 cm/ ^{3}/$_4$ pouce

450 ml/ 16 oz liquides/ 2 tasses de bouillon de bœuf frais

3 cuil. à soupe de concentré au curry

4 oranges moyennes

2 cuil. à café de Maïzena

sel et poivre

2 cuil. à soupe de coriandre fraîche, hachée, pour le décor

riz basmati, fraîchement cuit à l'eau, pour servir

RAÏTA :

^{1}/$_2$ concombre, coupé en petits dés

3 cuil. à soupe de menthe fraîche, hachée

150 ml/ 5 oz liquides/ ^{2}/$_3$ tasse de yaourt nature (non sucré) à 0%

1 Chauffez l'huile dans une grande casserole. Faites revenir doucement les échalotes, l'ail et les cubes de bœuf pendant 5 minutes, en remuant de temps en temps, jusqu'à ce que le bœuf soit doré de manière égale de tous côtés.

2 Délayez le concentré au curry dans le bouillon. Ajoutez le mélange au bœuf et remuez pour bien mélanger. Portez à ébullition, couvrez et laissez cuire à feu doux 1 heure ou jusqu'à ce que la viande soit tendre.

3 Pendant ce temps, râpez le zeste d'une orange. Pressez le jus de l'orange et le jus d'une deuxième orange. Épluchez les deux autres oranges, en enlevant autant de peau blanche que possible. Entaillez entre chaque quartier et enlevez la chair.

4 Délayez la Maïzena avec le jus d'orange. À la fin de la cuisson, ajoutez le zeste d'orange ainsi que le mélange d'orange et de Maïzena au bœuf et remuez. Portez à ébullition et laissez cuire à feu doux 3-4 minutes,

en remuant, jusqu'à ce que la sauce épaississe. Assaisonnez puis ajoutez les quartiers d'orange et remuez.

5 Pour faire le raïta, mélangez le concombre et la menthe, puis ajoutez le yaourt et remuez pour incorporer. Salez et poivrez.

6 Servez le curry avec le riz et le raïta au concombre.

Bœuf poêlé au gingembre, ananas et piment

Servez ces biftecks fruités et épicés avec des nouilles. Pour un résultat optimal, utilisez une poêle-gril antiadhésive – ceci vous permettra de réduire la quantité de matières grasses au minimum.

Pour 4 personnes

CALORIES PAR PORTION : 191 • MATIÈRES GRASSES PAR PORTION : 5,1 G

INGRÉDIENTS

4 biftecks maigres (culotte, aloyau ou filet), de 100 g/ 3¹/₂ onces chacun
2 cuil. à soupe de vin de gingembre
1 morceau de gingembre frais de 2,5 cm/ 1 pouce, finement haché
1 gousse d'ail, écrasée
1 cuil. à café de piment en poudre
1 cuil. à café d'huile végétale

fines lanières de piment rouge, pour le décor
sel et poivre

POUR SERVIR :
nouilles fraîchement cuites
2 oignons primeurs, coupés en fines lanières

CONDIMENT :
225 g/ 8 onces d'ananas frais
1 petit poivron rouge
1 piment rouge
2 cuil. à soupe de sauce de soja claire
1 morceau de gingembre au sirop, égoutté et haché

1 Enlevez le gras de la viande. À l'aide d'un attendrisseur ou d'un rouleau à pâtisserie enveloppé, martelez les biftecks jusqu'à ce qu'il ne fasse plus que 1 cm/ ¹/₂ pouce d'épaisseur. Assaisonnez des deux côtés et mettez dans un plat creux.

2 Mélangez le vin de gingembre, le gingembre frais, l'ail et le piment et versez sur la viande. Couvrez et réfrigérez 30 minutes.

3 Pendant ce temps, préparez le condiment. Épluchez l'ananas, hachez-le finement et mettez-le dans un saladier. Coupez le poivron et le piment en deux, épépinez-les et hachez-les finement. Mélangez à l'ananas avec la sauce au soja et le gingembre frais. Couvrez et réfrigérez jusqu'au moment de servir.

4 Badigeonnez une poêle-gril antiadhésive d'huile et faites

chauffer jusqu'à ce qu'elle soit très chaude. Égouttez le bœuf et mettez-le dans la poêle en appuyant pour le saisir. Réduisez la chaleur et laissez cuire 5 minutes. Retournez les biftecks et laissez cuire encore 5 minutes.

5 Laissez égoutter les biftecks sur de l'essuie-tout et dressez-les sur des assiettes. Décorez avec les lanières de piment, et servez avec des nouilles, des oignons primeurs et le condiment.

Bœuf et tomates au gratin

*Un délicieux mélange de bœuf haché maigre, de courgettes et de tomates cuit
dans une crème allégée et recouvert d'une croûte au fromage.*

Pour 4 personnes

CALORIES PAR PORTION : 319 • MATIÈRES GRASSES PAR PORTION : 10,3 G

INGRÉDIENTS

350 g/ 12 onces de bœuf maigre, haché
1 gros oignon, finement haché
1 cuil. à café de fines herbes séchées
1 cuil. à soupe de farine
300 ml/ $^1/_2$ pinte/ $1^1/_4$ tasse de bouillon
  de bœuf
1 cuil. à soupe de concentré de tomates
2 grosses tomates, coupées en tranches
  minces

4 courgettes moyennes, en rondelles
  minces
2 cuil. à soupe de Maïzena
300 ml/ $^1/_2$ pinte/ $1^1/_4$ tasses de lait
  écrémé
150 m / 5 oz liquides/ $^2/_3$ tasse de
  fromage blanc battu (yaourt non
  sucré) nature, à 0%
1 jaune d'œuf moyen

4 cuil. à soupe de parmesan,
  fraîchement râpé
sel et poivre

POUR SERVIR :
pain croustillant
légumes cuits à l'étuvée

1 Préchauffez le four à 190°C/
375°F/ Thermostat 5. Dans une
grande poêle, faites revenir le bœuf et
l'oignon sans matière grasse pendant
4-5 minutes, jusqu'à ce qu'ils soient
dorés.

2 Ajoutez les herbes, la farine,
le bouillon et le concentré de
tomates, et assaisonnez. Portez à
ébullition et laissez cuire 30 minutes
à feu doux, jusqu'à ce que le jus
épaississe.

3 Versez dans un plat à gratin allant
au four. Recouvrez d'une couche
de tranches de tomates, puis d'une
couche de rondelles de courgettes.
Réservez.

4 Délayez la Maïzena avec un peu
de lait dans un bol. Versez le reste
du lait dans une casserole et portez à
ébullition. Ajoutez le mélange lait-
Maïzena et faites cuire 1 à 2 minutes,
en remuant, jusqu'à ce que la sauce
épaississe. Retirez du feu et incorporez

le fromage blanc (yaourt) et le jaune
d'œuf en les battant. Assaisonnez bien.

5 Étalez la sauce blanche sur la
couche de courgettes. Posez le plat
sur une plaque à pâtisserie et parsemez
de parmesan râpé. Faites cuire au four
25-30 minutes, jusqu'à ce que le dessus
soit doré. Servez avec du pain croustillant
et des légumes cuits à l'étuvée.

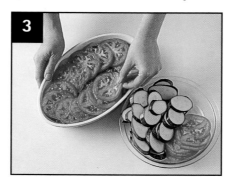

Sauté de chevreuil, sauce aigre-douce

Le chevreuil est une viande extra-maigre pauvre en matières grasses, ce qui en fait le parfait choix.
Idéal en sauté avec des légumes craquants.

Pour 4 personnes

CALORIES PAR PORTION : 174 • MATIÈRES GRASSES PAR PORTION : 1,9 G

INGRÉDIENTS

1 botte d'oignons primeurs
1 poivron rouge
100 g/ 3¹/₂ onces de mange-tout
100 g/ 3¹/₂ onces de minis épis de maïs
350 g / 12 onces de bifteck de
   chevreuil maigre
1 cuil. à soupe d'huile végétale

1 gousse d'ail, écrasée
1 morceau de gingembre frais de
   2,5 cm/ 1 pouce, finement haché
3 cuil. à soupe de sauce de soja claire,
   et un peu en plus pour servir
1 cuil. à soupe de vinaigre de vin blanc
2 cuil. à soupe de xérès sec

2 cuil. à café de miel liquide
1 boîte de 225 g/ 8 onces de morceaux
   d'ananas au jus naturel, égouttés
25 g/ 1 once de germes de soja
riz fraîchement cuit, pour servir

1 Nettoyez les oignons primeurs et coupez-les en morceaux de 2,5 cm/ 1 pouce. Coupez le poivron en deux et enlevez les pépins, puis coupez-le en morceaux de 2,5 cm/ 1 pouce. Équeutez les mange-tout et nettoyez les minis épis de maïs.

2 Enlevez le gras de la viande et émincez-la. Chauffez l'huile dans une grande poêle ou dans un wok jusqu'à ce qu'elle soit bien chaude et faites sauter la viande, l'ail et le gingembre 5 minutes en remuant.

3 Ajoutez les oignons primeurs préparés, le poivron, les mange-tout et le maïs dans la poêle, puis ajoutez la sauce de soja, le vinaigre, le xérès et le miel. Faites sauter pendant encore 5 minutes, en maintenant un feu vif.

4 Ajoutez l'ananas et les germes de soja en remuant soigneusement et laissez cuire encore 1-2 minutes pour réchauffer. Servez avec du riz fraîchement cuit et un bol de sauce de soja en accompagnement.

VARIANTE

Pour un plat unique rapide et nourrissant, faites cuire 225 g/ 8 onces de nouilles aux œufs 3-4 minutes à l'eau. Égouttez et ajoutez à la poêle à l'étape 4, avec l'ananas et les germes de soja. Remuez bien pour mélanger. Il vous faudra ajouter 2 cuil. à soupe de sauce de soja en plus avec l'ananas et les germes de soja pour que le sauté ne soit pas trop sec.

Chevreuil & Purée à l'ail

Il est préférable de servir le gibier avec une sauce fruitée sucrée.
Ces petits biftecks de chevreuil sont cuits avec des pruneaux juteux et de la gelée de groseille

Pour 4 personnes

CALORIES PAR PORTION : 503 • MATIÈRES GRASSES PAR PORTION : 6,1 G

INGRÉDIENTS

8 médaillons de chevreuil, de 75 g/
   2³/₄ onces chacun
1 cuil. à soupe d'huile végétale
1 oignon rouge, haché
150 ml/ 5 oz liquides/ ²/₃ tasse de
   bouillon de bœuf frais
150 ml/ 5 oz liquides/ ²/₃ tasse de vin
   rouge

3 cuil. à soupe de gelée de groseilles
100 g/ 3¹/₂ onces de pruneaux secs
   dénoyautés, prêts à l'emploi
2 cuil. à café de Maïzena
2 cuil. à soupe de cognac
sel et poivre
petits moules pour servir (facultatif)

PURÉE À L'AIL :
900 g/ 2 lb de pommes de terre,
   épluchées et coupées en dés
¹/₂ cuil. à café de concentré d'ail
2 cuil. à soupe de fromage blanc battu
   (yaourt non sucré) nature, à 0%
4 cuil. à soupe de persil frais, haché

1 Enlevez le gras de la viande puis salez et poivrez des deux côtés.

2 Chauffez l'huile dans une poêle et faites frire les médaillons avec les oignons sur feu vif 2 minutes de chaque côté jusqu'à ce qu'ils soient dorés.

3 Baissez le feu et versez le bouillon et le vin. Ajoutez la gelée de groseille et les pruneaux et remuez jusqu'à ce que la gelée ait fondu. Portez à ébullition, couvrez et laissez cuire 10 minutes à feu doux, jusqu'à ce que la viande soit tendre.

4 Pendant ce temps, faites la purée à l'ail. Mettez les pommes de terre dans une casserole et recouvrez d'eau. Portez à ébullition et laissez cuire 8-10 minutes, jusqu'à ce qu'elles soient tendres. Égouttez bien.

5 Écrasez les pommes de terre pour obtenir une purée onctueuse. Ajoutez le concentré d'ail, le fromage blanc (yaourt) et le persil et remuez pour bien mélanger. Assaisonnez et réservez au chaud.

6 Retirez les médaillons de la poêle avec une écumoire et gardez au chaud.

7 Délayez la Maïzena avec le cognac dans un bol et ajoutez au jus de cuisson dans la poêle. Faites chauffer, en remuant, jusqu'à ce que la sauce épaississe. Salez et poivrez.

8 Servez le chevreuil avec la sauce aux pruneaux et groseille et la purée à l'ail.

Boulettes de chevreuil, sauce aux kumquats et xérès

Le parfum âpre des kumquats se marie parfaitement avec ces savoureuses boulettes cuites à l'étuvée.
Servez tout simplement sur un lit de pâtes ou de nouilles et des légumes frais.

Pour 4 personnes

CALORIES PAR PORTION : 178 • MATIÈRES GRASSES PAR PORTION : 2,1 G

INGRÉDIENTS

450 g/ 1 lb de chevreuil maigre, haché
1 petit poireau, finement haché
1 carotte moyenne, finement râpée
½ cuil. à café de noix de muscade en poudre
1 blanc d'œuf moyen, légèrement battu

sel et poivre

POUR SERVIR :
pâtes ou nouilles fraîchement cuites
légumes fraîchement cuits

SAUCE :
100 g/ 3½ onces de kumquats
15 g/ ½ once de sucre en poudre
150 ml/ 5 oz liquides/ ⅔ tasse d'eau
4 cuil. à soupe de xérès sec
1 cuil. à café de Maïzena

1 Mettez le chevreuil dans un saladier avec le poireau, la carotte, le sel, le poivre et la noix de muscade. Ajoutez le blanc d'œuf et malaxez les ingrédients à la main jusqu'à ce que le mélange soit bien formé et ferme.

2 Divisez le mélange en 16 portions égales. Avec les doigts, façonnez chaque portion en boulette.

3 Faites bouillir de l'eau dans une grande casserole. Disposez les boulettes sur une couche de papier sulfurisé dans un panier ou dans un grand égouttoir et placez au-dessus de l'eau bouillante. Couvrez et laissez cuire 10 minutes à l'étuvée, jusqu'à ce que les boulettes soient entièrement cuites.

4 Pendant ce temps, faites la sauce. Lavez les kumquats et coupez-les en fines rondelles. Mettez-les dans une casserole avec le sucre et l'eau et portez à ébullition. Laissez cuire 2-3 minutes à feu doux, jusqu'à ce qu'ils soient tendres.

5 Délayez la Maïzena avec le xérès et ajoutez à la poêle. Faites chauffer, en remuant, jusqu'à ce que la sauce épaississe. Assaisonnez.

6 Égouttez les boulettes de viande et dressez-les sur un plat. Versez la sauce dessus à l'aide d'une cuillère et servez accompagné de pâtes et de légumes.

Ragoût d'agneau fruité

Le mélange épicé et sucré de cannelle, de coriandre et de cumin met parfaitement en valeur l'agneau tendre et les abricots dans ce ragoût réconfortant.

Pour 4 personnes

CALORIES PAR PORTION : 280 • MATIÈRES GRASSES PAR PORTION : 11,6 G

INGRÉDIENTS

450 g/ 1 lb d'agneau maigre, gras enlevé, coupé en cubes de 2,5 cm/ 1 pouce
1 cuil. à café de cannelle en poudre
1 cuil. à café de coriandre en poudre
1 cuil. à café de cumin en poudre
2 cuil. à café d'huile d'olive
1 oignon rouge moyen, finement haché

1 gousse d'ail, écrasée
1 boîte de 400 g/ 14 onces de tomates en morceaux
2 cuil. à soupe de concentré de tomates
125 g/ 4¹/₂ onces d'abricots secs prêts à l'emploi
1 cuil. à café de sucre en poudre

300 ml ¹/₂ pinte/ 1¹/₄ tasse de bouillon de légumes
sel et poivre
1 petit bouquet de coriandre fraîche, pour le décor
riz complet, couscous cuit à l'étuvée ou blé bulgare, pour servir

1 Préchauffez le four à 180°C/ 350°F/ Thermostat 4. Mettez la viande dans un saladier et ajoutez les épices et l'huile. Mélangez bien de manière à ce que l'agneau soit recouvert d'épices.

2 Faites chauffer une poêle antiadhésive pendant quelques secondes jusqu'à ce qu'elle soit bien chaude, puis ajoutez l'agneau épicé. Baissez le feu et laissez cuire 4-5 minutes, en remuant, jusqu'à ce qu'il soit doré de toute part. Ôtez

l'agneau de la poêle avec une écumoire et mettez-le dans une grande cocotte allant au four.

3 Dans la même poêle, faites cuire l'oignon, l'ail, les tomates et le concentré de tomates pendant 5 minutes. Assaisonnez. Incorporez-y les abricots et le sucre, ajoutez le bouillon et portez à ébullition.

4 À l'aide d'une cuillère, versez la sauce sur l'agneau et mélangez bien. Couvrez et faites cuire 1 heure au

four, en enlevant le couvercle pour les 10 dernières minutes de cuisson.

5 Hachez grossièrement la coriandre et parsemez-en le ragoût pour décorer. Servez avec du riz complet, du couscous cuit à l'étuvée ou du blé bulgare.

Agneau aux poivrons & Couscous

Le couscous, qui nous vient des Berbères, est un aliment de base en Afrique du Nord.
Cuit à l'étuvée, il s'harmonise parfaitement avec un ragoût.

Pour 4 personnes

CALORIES PAR PORTION : 522 • MATIÈRES GRASSES PAR PORTION : 12,5 G

INGRÉDIENTS

2 oignons rouges moyens, émincés
jus de citron
1 gros poivron rouge, épépiné et coupé
en tranches épaisses
1 gros poivron vert, épépiné et coupé
en tranches épaisses
1 gros poivron orange, épépiné et
coupé en tranches épaisses
une pincée de filaments de safran

bâton de cannelle, brisé
1 cuil. à soupe de miel liquide
300 ml/ ½ pinte/ 1¼ tasse de
bouillon de légumes
2 cuil. à café d'huile d'olive
350 g/ 12 onces de filet d'agneau
maigre, gras enlevé, émincé
1 cuil. à café de crème Harissa

1 boîte de 200 g/ 7 onces de tomates
en morceaux
1 boîte de 425 g/ 15 onces de pois
chiches, égouttés
350 g/ 12 onces de couscous précuit
2 cuil. à café de cannelle en poudre
sel et poivre

1 Nappez les oignons de jus de citron et mettez-les dans une casserole. Mélangez les poivrons, le safran, le bâton de cannelle et le miel. Mouillez avec le bouillon, portez à ébullition, couvrez et laissez cuire 5 minutes à feu doux.

2 Pendant ce temps, faites chauffer l'huile dans une poêle et faites revenir l'agneau doucement pendant 3-4 minutes, jusqu'à ce qu'il soit doré de toute part.

3 Avec une écumoire, retirez les morceaux d'agneau et ajoutez-les aux oignons et aux poivrons dans la casserole. Assaisonnez et ajoutez la crème Harissa, les tomates et les pois chiches puis remuez. Mélangez bien le tout, portez de nouveau à ébullition et laissez cuire 20 minutes à découvert.

4 Pendant ce temps, faites tremper le couscous, en suivant les instructions sur le paquet. Faites bouillir de l'eau dans une casserole. Mettez le

couscous dans un cuit-vapeur ou dans un égouttoir recouvert de mousseline et placez au-dessus de la casserole d'eau bouillante. Couvrez et faites cuire à l'étuvée en suivant les instructions données.

5 Déposez le couscous dans un plat chaud et saupoudrez de cannelle en poudre. Retirez et jetez le bâton de cannelle et déposez le ragoût sur le couscous à l'aide d'une cuillère avant de servir.

Côtelettes "Hot Pot"

*Le "Hot Pot", ragoût d'agneau fait avec des carottes et des oignons et recouvert de pommes de terre,
est un plat traditionnel du Nord de l'Angleterre. Ici des côtelettes sont utilisées comme variante originale.*

Pour 4 personnes

CALORIES PAR PORTION : 252 • MATIÈRES GRASSES PAR PORTION : 11,3 G

INGRÉDIENTS

4 tranches de gigot d'agneau désossé,
de 125 g/ 4½ onces environ chacune

1 petit oignon, finement émincé

1 carotte moyenne, coupée en minces
rondelles

1 pomme de terre moyenne, coupée en
tranches minces

1 cuil. à café d'huile d'olive

1 cuil. à café de romarin séché

sel et poivre

romarin frais, pour le décor

légumes verts cuits à l'étuvée, pour
servir

---

1 Préchauffez le four à 180°C/
350°C/ Thermostat 4. Avec un
couteau pointu, enlevez le gras de
l'agneau.

2 Salez et poivrez les tranches de
viande des deux côtés et disposez-
les sur une plaque à pâtisserie.

3 Recouvrez chaque tranche de
couches successives d'oignon,
de carottes et enfin de pommes de
terre.

4 Badigeonnez légèrement les
pommes de terre d'huile, salez

et poivrez et parsemez d'un peu de
romarin séché.

5 Faites cuire les côtelettes Hot Pot
25-30 minutes au four, jusqu'à ce
que l'agneau soit tendre et entièrement
cuit.

6 Égouttez l'agneau sur de l'essuie-
tout et dressez-le sur un plat
chaud. Décorez avec le romarin frais et
servez accompagné d'un assortiment de
légumes verts, cuits à l'étuvée.

VARIANTE

*Cette recette serait tout aussi bonne
avec des blancs de poulet désossés.
Martelez le poulet avec un
attendrisseur ou avec un rouleau
à pâtisserie recouvert pour qu'il soit
d'une épaisseur égale.*

Hamburgers à l'agneau et à la menthe

Variante originale du hamburger traditionnel, ces hamburgers à l'agneau sont parfumés à la menthe et accompagnés d'une sauce onctueuse à la menthe.

Pour 4 personnes

CALORIES PAR PORTION : 237 • MATIÈRES GRASSES PAR PORTION : 7,8 G

INGRÉDIENTS

350 g/ 12 onces d'agneau maigre, haché
1 oignon moyen, finement haché
4 cuil. à soupe de chapelure (pain complet)
2 cuil. à soupe de gelée à la menthe
sel et poivre

POUR SERVIR :
4 petits pains ronds complets, coupés en deux
2 grosses tomates, en tranches
petit morceau de concombre, coupé en rondelles
feuilles de laitue

CONDIMENT :
4 cuil. à soupe de fromage blanc battu (yaourt non sucré) nature, à 0%
1 cuil. à soupe de gelée à la menthe, ramollie
morceau de concombre de 5 cm/ 2 pouces, coupé en petits dés
1 cuil. à soupe de menthe fraîche, hachée

1 Mettez l'agneau dans un grand saladier et ajoutez l'oignon, la chapelure et la gelée en remuant. Assaisonnez bien, puis malaxez les ingrédients ensemble à la main pour obtenir un mélange ferme.

2 Divisez le mélange en 4 et façonnez chaque portion pour former un palet de 10 cm de diamètre. Disposez-les sur un plat recouvert de papier sulfurisé et laissez reposer 30 minutes au réfrigérateur.

3 Préchauffez le gril sur moyen. Recouvrez le gril de papier sulfurisé, en coinçant les bords sous la grille, et placez les hamburgers dessus. Laissez cuire 8 minutes, puis retournez les hamburgers et faites cuire encore 7 minutes ou jusqu'à ce qu'ils soient entièrement cuits.

4 Pendant ce temps, préparez le condiment. Mélangez ensemble dans un saladier le fromage blanc (yaourt non sucré), la gelée à la menthe, le concombre et la menthe fraîchement hachée et réfrigérez jusqu'au moment de servir.

5 Égouttez les hamburgers sur de l'essuie-tout. Servez les hamburgers dans des petits pains ronds et recouvrez-les de tranches de tomates, de concombre, de laitue et de condiment.

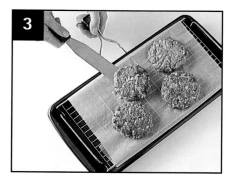

Lasagnes tricolores au poulet et aux épinards

Un plat délicieux aux couleurs du drapeau italien – le rouge de la tomate,
le vert des épinards et des pâtes, et le blanc du poulet et de la sauce.

Pour 4 personnes

CALORIES PAR PORTION : 424 • MATIÈRES GRASSES PAR PORTION : 7,2 G

INGRÉDIENTS

350 g/ 12 onces d'épinards hachés
surgelés, dégelés et égouttés
1/2 cuil. à café de noix de muscade en
poudre
450 g/ 1 lb de poulet maigre, cuit, sans
la peau, et coupé en dés
4 lasagnes vertes sans précuisson
1 1/2 cuil. à soupe de Maïzena

425 ml/ 15 oz liquides/ 1 3/4 tasse de
lait écrémé
4 cuil. à soupe de parmesan,
fraîchement râpé
sel et poivre
salade fraîchement préparée, pour
servir

SAUCE TOMATE :
1 boîte de 400 g/ 14 onces de tomates
en morceaux
1 oignon moyen, finement haché
1 gousse d'ail, écrasée
150 ml/ 5 oz liquides/ 2/3 tasse de vin
blanc
3 cuil. à soupe de tomate concentré
1 cuil. à café d'origan séché

1 Préchauffez le four à 200°C/ 400°F/ Thermostat 6. Pour faire la sauce tomate, mettez les tomates dans une casserole et ajoutez l'oignon, l'ail, le vin, le concentré de tomates et l'origan puis remuez. Portez à ébullition et laissez cuire 20 minutes à feu doux, jusqu'à ce que la sauce épaississe. Assaisonnez.

2 Égouttez une nouvelle fois les épinards et étalez-les sur de l'essuie-tout pour vous assurer d'avoir bien enlevé autant d'eau que possible. Garnissez d'épinards le fond d'un plat

allant au four. Saupoudrez de noix de muscade et assaisonnez.

3 Disposez les dés de poulet sur les épinards et versez la sauce tomate dessus à l'aide d'une cuillère. Recouvrez la sauce tomate de lasagnes.

4 Délayez la Maïzena avec un peu de lait. Versez le reste du lait dans une casserole et ajoutez la Maïzena délayée en remuant. Faites chauffer 2-3 minutes en remuant, jusqu'à ce que la sauce épaississe. Assaisonnez bien.

5 Versez la sauce sur les lasagnes et posez le plat sur une plaque à pâtisserie. Parsemez de fromage râpé sur la sauce et faites cuire au four pendant 25 minutes, jusqu'à ce que les lasagnes soient dorées. Servez avec une salade verte.

Gratin de poulet au fenouil, aux pâtes, et aux raisins secs

Du poulet tendre cuit avec des pâtes dans une sauce au fromage veloutée et légère,
avec un soupçon d'anis et le goût sucré de raisins secs juteux.

Pour 4 personnes

CALORIES PAR PORTION : 521 • MATIÈRES GRASSES PAR PORTION : 15,5 G

INGRÉDIENTS

2 bulbes de fenouil
2 oignons rouges moyens, émincés
1 cuil. à soupe de jus de citron
125 g/ 4¹/₂ onces de petits
   champignons de Paris
1 cuil. à soupe d'huile d'olive

225 g/ 8 onces de pâtes
60 g/ 2 onces/ ¹/₃ tasse de raisins secs
225 g/ 8 onces de poulet maigre cuit,
   désossé, sans peau et émincé
375 g/ 13 onces de fromage frais allégé
   avec ail et fines herbes

125 g/ 4¹/₂ onces de mozzarella allégée,
   coupée en tranches fines
2 cuil. à soupe de parmesan, râpé
sel et poivre

1 Préchauffez le four à 200°C/ 400°C/ Thermostat 6. Nettoyez le fenouil, en réservant les fanes vertes pour le décor, et coupez les bulbes en tranches fines. Enduisez l'oignon de jus de citron. Coupez les champignons en quatre.

2 Faites chauffer l'huile dans une grande poêle et faites revenir le fenouil, l'oignon et les champignons 4-5 minutes, en remuant. Assaisonnez bien, versez le mélange de légumes dans un grand saladier et réservez.

3 Portez une casserole d'eau légèrement salée à ébullition et faites cuire les pâtes en suivant les instructions sur le paquet, jusqu'à ce qu'elles soient *al dente* (tout juste cuites). Égouttez et mélangez les pâtes aux légumes.

4 Ajoutez les raisins secs et le poulet au mélange en remuant. Ramollissez le fromage frais en le battant, puis mélangez-le aux pâtes et au poulet – la chaleur des pâtes doit faire légèrement fondre le fromage.

5 Mettez la préparation dans un plat allant au four et posez ce plat sur une plaque à pâtisserie. Disposez les tranches de mozzarella dessus et parsemez de parmesan râpé. Faites cuire 20-25 minutes au four, jusqu'à ce que le gratin soit doré. Décorez avec les fanes de fenouil hachées et servez chaud.

Poulet-frites au four

Traditionnellement, ce plat est frit, mais la version allégée est tout aussi appétissante.
Pour donner une note d'authenticité, servez avec des frites épaisses.

Pour 4 personnes

CALORIES PAR PORTION : 402 • MATIÈRES GRASSES PAR PORTION : 7,4 G

INGRÉDIENTS

4 grosses pommes de terre, de 225 g/
   8 onces chacune
1 cuil. à soupe d'huile de tournesol
2 cuil. à café de gros sel de mer
2 cuil. à soupe de farine
une pincée de poivre de Cayenne

¹/₂ cuil. à café de paprika
¹/₂ cuil. à café de thym séché
8 cuisses de poulet, sans peau
1 œuf moyen, battu
2 cuil. à soupe d'eau froide
6 cuil. à soupe de chapelure

sel et poivre

POUR SERVIR :
salade de chou cru allégée
condiment au maïs

1 Préchauffez le four à 200°C/ 400°F/ Thermostat 6. Lavez et brossez les pommes de terre et coupez-les en 8 portions égales. Mettez-les dans un sac en plastique propre et ajoutez l'huile. Fermez le sac et secouez-le bien pour napper les pommes de terre d'huile.

2 Disposez les quartiers de pommes de terre, côté coupé vers le haut, sur une plaque à pâtisserie antiadhésive, saupoudrez de sel de mer et faites cuire au four 30-35 minutes, jusqu'à ce qu'ils soient tendres et dorés.

3 Pendant ce temps, mélangez la farine, les épices, le thym, le sel et le poivre sur une assiette. Passez les cuisses de poulet dans la farine assaisonnée.

4 Sur une assiette, mélangez l'œuf avec l'eau. Étalez la chapelure sur une autre assiette. Trempez les cuisses de poulet dans l'œuf, puis roulez-les dans la chapelure. Mettez-les ensuite sur une plaque à pâtisserie antiadhésive.

5 Faites cuire les cuisses de poulet au four à côté des pommes de

terre pendant 30 minutes, en les retournant au bout de 15 minutes, jusqu'à ce qu'elles soient tendres et bien cuites.

6 Égouttez bien les pommes de terre sur de l'essuie-tout pour enlever toute matière grasse superflue et servez avec le poulet, accompagné de salade de chou cru allégée et de condiment au maïs, au choix.

Brochettes de poulet au citron vert avec salsa à la mangue

Ces kébabs de poulet succulents sont recouverts d'une sauce sucrée au citron vert et servis de préférence avec un condiment au citron vert et à la mangue pour un repas léger et rafraîchissant.

Pour 4 personnes

CALORIES PAR PORTION : 200 • MATIÈRES GRASSES PAR PORTION : 1,5 G

INGRÉDIENTS

4 blancs de poulet, sans peau,
   d'environ 125 g/ 4$^{1}/_{2}$ onces chacun
3 cuil. à soupe de confiture de citron
   vert
1 cuil. à café de vinaigre de vin blanc
$^{1}/_{2}$ cuil. à café de zeste de citron vert,
   finement râpé

1 cuil. à soupe de jus de citron vert
sel et poivre

POUR SERVIR :
quartiers de citron vert
riz blanc cuit à l'eau, saupoudré de
   piment rouge en poudre

SALSA :
1 petite mangue
1 petit oignon rouge
1 cuil. à soupe de jus de citron vert
1 cuil. à soupe de coriandre fraîche,
   hachée

1 Coupez les blancs de poulet en petits morceaux et enfilez-les en zigzag sur 8 brochettes.

2 Préchauffez le gril sur moyen. Disposez les brochettes de poulet sur le gril. Mélangez la confiture, le vinaigre, le zeste et le jus de citron vert. Salez et poivrez. Badigeonnez le poulet de sauce et faites-le cuire 5 minutes au gril. Retournez le poulet, et badigeonnez-le à nouveau de sauce

puis laissez griller 4-5 minutes supplémentaires, jusqu'à ce que le poulet soit tendre.

3 Pendant ce temps, préparez la salsa. Épluchez la mangue et tranchez la chair de part et d'autre du gros noyau central. Coupez la chair en petits dés et mettez-la dans un petit saladier.

4 Épluchez et hachez finement l'oignon et ajoutez-le à la mangue,

avec le jus de citron vert et la coriandre hachée, puis remuez pour mélanger. Assaisonnez, couvrez et réfrigérez jusqu'au moment de servir.

5 Servez les kébabs de poulet avec la salsa, accompagnés de quartiers de citron vert et de riz nature saupoudré de piment rouge en poudre.

Risotto au poulet et à la sauge

Du fait que tout cuit dans la même cocotte, tous les parfums sont conservés.
Il suffit d'une salade et d'un peu de pain croustillant pour accompagner ce plat nourrissant.

Pour 4 personnes

CALORIES PAR PORTION : 391 • MATIÈRES GRASSES PAR PORTION : 3,9 G

INGRÉDIENTS

1 gros oignon, haché
1 gousse d'ail, écrasée
2 branches de céleri, en morceaux
2 carottes, en dés
2 brins de sauge fraîche
300 ml/ ½ pinte/ 1¼ tasse de bouillon
  de poulet
350 g/ 12 onces de blancs de poulet,
  désossés et sans peau

225 g/ 8 onces/ 1⅓ tasse de riz
  complet et sauvage mélangés
1 boîte de 400 g/ 14 onces de tomates
  en morceaux
une pointe de tabasco
2 courgettes moyennes, nettoyées et
  coupées en fines rondelles
100 g/ 3½ onces de jambon maigre,
  en dés

sel et poivre
sauge fraîche, pour le décor

POUR SERVIR :
feuilles de salade
pain croustillant

1 Mettez l'oignon, l'ail, le céleri, les carottes et les brins de sauge fraîche dans une grande casserole et mouillez avec le bouillon de poulet. Portez à ébullition, couvrez la casserole et laissez cuire 5 minutes à feu doux.

2 Coupez le poulet en cubes de 2,5 cm/ 1 pouce et incorporez-le aux légumes dans la casserole en remuant. Couvrez la casserole et faites cuire encore 5 minutes.

3 Ajoutez le riz et les tomates en morceaux en remuant. Ajoutez une pointe de tabasco, au choix, et assaisonnez. Portez à ébullition, couvrez et laissez cuire 25 minutes à feu doux.

4 Ajoutez les rondelles de courgettes et les dés de jambon et laissez cuire 10 minutes supplémentaires, à découvert, en remuant de temps en temps, jusqu'à ce que le riz soit tendre.

5 Retirez et jetez les brins de sauge. Décorez avec quelques feuilles de sauge et servez avec une salade verte et du pain croustillant.

MON CONSEIL

Si vous n'avez pas de sauge fraîche, utilisez
1 cuil. à café de sauge séchée à l'étape 1.

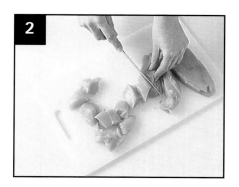

Boulettes de poulet au piment et maïs

Boulettes de poulet tendre servies avec une sauce aigre-douce.

CALORIES PAR PORTION : 223 • MATIÈRES GRASSES PAR PORTION : 3 G

INGRÉDIENTS

450 g/ 1 lb de poulet maigre, haché
4 oignons primeurs, détaillés et
  finement hachés
1 petit piment rouge, épépiné et
  finement haché
1 morceau de 2,5 cm/ 1 pouce de
  gingembre frais, finement haché
1 boîte de 100 g/ 3¹/₂ onces de maïs
  (sans sucre ni sel ajouté), égoutté
sel et poivre blanc

POUR SERVIR :
riz au jasmin cuit à l'eau
ciboulette, ciselée

SAUCE :
150 ml/ 5 oz liquides/ ²/₃ tasse de
  bouillon de poulet frais
100 g/ 3¹/₂ onces d'ananas au jus
  naturel en cubes, égoutté, et 4 cuil. à
  soupe de jus réservé
1 carotte moyenne, coupée en fines
  lanières

1 petit poivron rouge, épépiné et coupé
  en dés
1 petit poivron vert, épépiné et coupé
  en dés
1 cuil. à soupe de sauce de soja claire
2 cuil. à soupe de vinaigre de riz
1 cuil. à soupe de sucre en poudre
1 cuil. à soupe de concentré de tomates
2 cuil. à café de Maïzena délayée avec
  4 cuil. à café d'eau froide

1 Pour faire les boulettes, mettez le poulet dans un saladier et ajoutez les oignons primeurs, le piment, le gingembre, sel et poivre, et le maïs. Malaxez le tout à la main.

2 Divisez le mélange en 16 portions et façonnez chacune d'elles en boulette. Faites bouillir de l'eau dans une casserole. Disposez les boulettes sur une feuille de papier sulfurisé dans un cuit-vapeur ou un grand égouttoir, placez-les au-dessus de l'eau bouillante, couvrez et laissez cuire à l'étuvée 10-12 minutes.

3 Pour faire la sauce, versez le bouillon et le jus d'ananas dans une casserole et portez à ébullition. Ajoutez la carotte et les poivrons, couvrez et laissez cuire 5 minutes à feu doux.

4 Ajoutez les autres ingrédients et faites réchauffer, en remuant, jusqu'à ce que la sauce épaississe. Assaisonnez et réservez.

5 Égouttez les boulettes et dressez-les sur un plat. Décorez avec la ciboulette ciselée et servez avec du riz nature et la sauce (réchauffée si nécessaire).

Poulet farci croustillant

Des blancs de poulet farcis d'un mélange de poivrons et flottant sur un coulis de poivron rouge et de tomate à servir comme plat principal très attrayant.

Pour 4 personnes

CALORIES PAR PORTION : 211 • MATIÈRES GRASSES PAR PORTION : 3,8 G

INGRÉDIENTS

4 blancs de poulet désossés, d'environ 150 g/ 5¹/₂ onces chacun, sans peau
4 brins d'estragon frais
¹/₂ petit poivron orange, épépiné et coupé en rondelles
¹/₂ petit poivron vert, épépiné et coupé en rondelles

15 g/ ¹/₂ once de chapelure (pain complet)
1 cuil. à soupe de graines de sésame
4 cuil. à soupe de jus de citron
1 petit poivron rouge, coupé en deux et épépiné

1 boîte de 200 g/ 7 onces de tomates en morceaux
1 petit piment rouge, épépiné et haché
¹/₄ cuil. à café de sel de céleri
sel et poivre
estragon frais, pour le décor

1 Préchauffez le four à 200°C/ 400°F/ Thermostat 6. Incisez les blancs de poulet avec un petit couteau tranchant pour faire une poche. Salez et poivrez l'intérieur de chaque poche.

2 Mettez un brin d'estragon et quelques rondelles de poivron vert et orange dans chaque poche. Posez les blancs de poulet sur une plaque à pâtisserie antiadhésive et parsemez de chapelure et de graines de sésame.

3 Versez une cuil. à soupe de jus de citron sur chaque blanc de poulet et faites cuire 35-40 minutes au four, jusqu'à ce que le poulet soit tendre et entièrement cuit.

4 Pendant ce temps, préchauffez le gril sur chaud. Disposez les moitiés de poivron rouge sur le gril, côté coupé vers le bas, et faites cuire 5-6 minutes jusqu'à ce que la peau cloque. Laissez refroidir 10 minutes, puis retirez la peau.

5 Mettez le poivron rouge dans un mixeur, ajoutez les tomates, le piment rouge et le sel de céleri et mixez pendant quelques secondes. Assaisonnez. Vous pouvez aussi hacher le poivron rouge très fin et le passer au moulin à légumes avec les tomates et le piment rouge.

6 Lorsque le poulet est cuit, faites réchauffer la sauce, versez-en un peu sur une assiette chaude et dressez le blanc de poulet au milieu. Décorez avec l'estragon et servez.

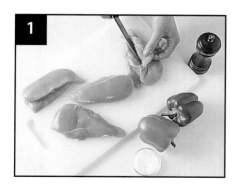

Poulet croustillant au yaourt et au curry

Le poulet est enrobé d'une sauce épicée à l'indienne, qui lui donne un riche parfum.
Servez chaud ou froid avec un condiment à la tomate, au concombre et à la coriandre.

Pour 4 personnes

CALORIES PAR PORTION : 176 • MATIÈRES GRASSES PAR PORTION : 2 G

INGRÉDIENTS

1 gousse d'ail, écrasée

1 morceau de gingembre frais de 2,5 cm/ 1 pouce, finement haché

1 piment vert frais, épépiné et finement haché

6 cuil. à soupe de yaourt nature (non sucré) à 0%

1 cuil. à soupe de concentré de tomates

1 cuil. à café de curcuma en poudre

1 cuil. à café de garam masala (mélange indien de 12 épices)

1 cuil. à soupe de jus de citron vert

4 blancs de poulet, désossés, sans peau, de 125 g/ 4½ onces chacun

sel et poivre

quartiers de citron vert ou de citron, pour servir

CONDIMENT :

4 tomates moyennes

¼ concombre

1 petit oignon rouge

2 cuil. à soupe de coriandre fraîche, hachée

1 Préchauffez le four à 190°C/ 375°F/ Thermostat 5. Dans un petit saladier, mélangez l'ail, le gingembre, le piment, le yaourt, le concentré de tomates, le curcuma, le garam masala, le jus de citron vert, sel et poivre.

2 Lavez et essuyez les blancs de poulet puis mettez-les sur une plaque à pâtisserie. Nappez le poulet de ce mélange épicé au yaourt à l'aide d'une cuillère ou d'un pinceau et faites cuire 30-35 minutes au four, jusqu'à ce que la viande soit tendre et entièrement cuite.

3 Pendant ce temps, préparez le condiment. Hachez finement les tomates, le concombre et l'oignon et mélangez le tout avec la coriandre. Assaisonnez, couvrez et laissez reposer au réfrigérateur jusqu'au moment de servir.

4 Égouttez le poulet cuit sur de l'essuie-tout et servez chaud avec le condiment. Vous pouvez aussi le laisser refroidir et le réfrigérer au moins 1 heure avant de le servir coupé en tranches avec une salade.

VARIANTE

La sauce épicée au yaourt irait tout aussi bien avec un filet de poisson à chair blanche, tel du cabillaud par exemple. Dans ce cas, réduisez le temps de cuisson à 15-20 minutes.

Poulet grillé au citron et au miel

Convenant particulièrement au barbecue, ce poulet à la saveur douce relevée par le citron peut se servir chaud ou froid.
Chaud, il se marie parfaitement avec des nouilles parfumées au sésame.

Pour 4 personnes

CALORIES PAR PORTION: 403 • MATIÈRES GRASSES PAR PORTION: 4,7 G

INGRÉDIENTS

4 blancs de poulet, désossés, de 125 g/ 4½ onces environ chacun
2 cuil. à soupe de miel liquide
1 cuil. à soupe de sauce de soja foncée
1 cuil. à soupe zeste de citron, finement râpé

1 cuil. à soupe de jus de citron
sel et poivre

POUR LE DÉCOR :
1 cuil. à soupe de ciboulette, hachée
zeste de citron, finement râpé

NOUILLES:
225 g/ 8 onces de nouilles de riz
2 cuil. à café d'huile de sésame
1 cuil. à soupe de graines de sésame
1 cuil. à café de zeste de citron, finement râpé

1 Préchauffez le gril sur moyen. Enlevez la peau et le gras des blancs de poulet, puis lavez et épongez-les avec de l'essuie-tout. Avec un couteau tranchant, incisez les blancs des deux côtés en croisillons (en veillant à ne pas couper la viande sur toute son épaisseur).

2 Mélangez le miel, la sauce de soja, le zeste et le jus de citron dans un bol, et assaisonnez bien de poivre noir.

3 Disposez les blancs de poulet sur le gril et badigeonnez-les avec la moitié de la préparation au miel. Faites cuire 10 minutes, retournez et badigeonnez avec le reste de la préparation. Laissez cuire encore 8-10 minutes ou jusqu'à ce que le poulet soit entièrement cuit.

4 Pendant ce temps, préparez les nouilles en suivant les instructions sur le paquet. Égouttez-les bien et empilez-les dans un saladier chaud. Ajoutez aux nouilles l'huile de sésame, les graines de sésame et le zeste de citron et mélangez. Assaisonnez et gardez au chaud.

5 Égouttez le poulet et servez-le avec les nouilles, décoré avec la ciboulette hachée et le zeste de citron.

VARIANTE

Pour un parfum différent, remplacez le citron par de l'orange ou du citron vert. Si vous préférez, servez le poulet avec du riz nature ou des pâtes, que vous pouvez parfumer avec les graines de sésame et le zeste de la même manière.

Ragoût de poulet aux prunes

Ce mélange de poulet maigre, d'échalotes, d'ail et de prunes fraîches sucrées au parfum d'automne est un plat très fruité. Servez-le avec du pain pour saucer.

Pour 4 personnes

CALORIES PAR PORTION: 285 • MATIÈRES GRASSES PAR PORTION: 6,4 G

INGRÉDIENTS

2 tranches de bacon maigre, découenné, sans gras, haché
1 cuil. à soupe d'huile de tournesol
450 g/ 1 lb de cuisses de poulet sans peau, désossées, coupées en 4 lanières égales
1 gousse d'ail, écrasée

175 g/ 6 onces d'échalotes, coupées en deux
225 g/ 8 onces de prunes, coupées en deux ou en quatre (suivant la grosseur) et dénoyautées
1 cuil. à soupe de sucre roux clair
150 ml/ 5 oz liquides/ ²/₃ tasse de xérès sec

2 cuil. à soupe de sauce à la prune
450 ml/ 16 oz liquides/ 2 tasses de bouillon de poulet frais
2 cuil. à café de Maïzena délayée avec 4 cuil. à café d'eau froide
2 cuil. à soupe de persil frais, haché, pour le décor
pain croustillant pour servir

1 Dans une grande poêle antiadhésive, faites frire le bacon sans matière grasse 2-3 minutes, jusqu'à ce qu'il fasse du jus. Retirez le bacon de la poêle avec une écumoire et réservez au chaud.

2 Dans la même poêle, chauffez l'huile et faites revenir le poulet avec l'ail et les échalotes pendant 4-5 minutes, en remuant de temps en temps, jusqu'à ce que les morceaux soient bien dorés de toute part.

3 Remettez le bacon dans la poêle et ajoutez les prunes, le sucre, le xérès, la sauce à la prune et le bouillon et remuez. Portez à ébullition et laissez cuire 20 minutes à feu doux, jusqu'à ce que les prunes se soient ramollies et que le poulet soit entièrement cuit.

4 Ajoutez la Maïzena délayée et laissez cuire, en remuant, 2-3 minutes, jusqu'à ce que la sauce épaississe.

5 Versez le ragoût dans des assiettes chaudes et décorez avec le persil haché. Servez avec du pain pour saucer.

VARIANTE

Des morceaux de dinde ou de porc maigre se marieraient tout aussi bien avec ces parfums. Le temps de cuisson sera le même.

Dinde à l'orange avec riz et légumes verts

Cette recette vous permettra d'utiliser un reste de riz.
Vous pouvez utiliser du pamplemousse rose frais ou en boîte comme alternative originale.

Pour 4 personnes

CALORIES PAR PORTION: 354 • MATIÈRES GRASSES PAR PORTION: 5,5 G

INGRÉDIENTS

1 cuil. à soupe d'huile d'olive
1 oignon moyen, haché
450 g/ 1 lb de dinde maigre sans peau (filet par exemple), émincée
300 ml/ 1/2 pinte/ 1 1/4 tasse de jus d'orange non sucré
1 feuille de laurier

225 g/ 8 onces de petits bouquets de brocolis
1 grosse courgette, coupée en dés
1 grosse orange
350 g/ 12 onces/ 6 tasses de riz complet cuit
sel et poivre

tomate et oignon, pour servir

POUR LE DÉCOR :
25 g/ 1 once d'olives noires en saumure, dénoyautées, égouttées et coupées en quatre
bouquet de feuilles de basilic frais

1 Chauffez l'huile dans une grande poêle et faites revenir l'oignon et la dinde, en remuant, pendant 4-5 minutes, jusqu'à ce qu'ils soient dorés.

2 Mouillez avec le jus d'orange et ajoutez la feuille de laurier, le sel et le poivre. Portez à ébullition et laissez cuire 10 minutes à feu doux.

3 Pendant ce temps, faites bouillir de l'eau dans une grande casserole

et faites cuire les brocolis, couvert, pendant 2 minutes. Ajoutez les dés de courgette, portez de nouveau à ébullition, couvrez, et laissez cuire encore 3 minutes (ne pas faire trop cuire). Égouttez et réservez.

4 Avec un couteau tranchant, épluchez l'orange et enlevez la peau blanche. Coupez l'orange en fines rondelles, puis coupez chaque rondelle en deux.

5 Ajoutez les brocolis, les courgettes, le riz et les rondelles d'orange à la dinde. Mélangez le tout délicatement et réchauffez 3-4 minutes jusqu'à ce que ce soit très chaud.

6 Dressez le mélange de dinde et de riz sur des assiettes chaudes et décorez avec les olives noires et les feuilles de basilic coupées en lanières. Servez avec une salade de tomates et d'oignon.

Curry de dinde aux abricots et aux raisins de Smyrne

Un plat du soir facile à préparer : de la dinde maigre dans une sauce fruitée au curry servie sur un lit de riz épicé.

Pour 4 personnes

CALORIES PAR PORTION: 418 • MATIÈRES GRASSES PAR PORTION: 7,9 G

INGRÉDIENTS

1 cuil. à soupe d'huile végétale

1 gros oignon, haché

450 g/ 1 lb de blanc de dinde, sans peau, coupé en cubes de 2,5 cm/ 1 pouce

3 cuil. à soupe de crème au curry douce

300 ml/ ½ pinte/ 1¼ tasse de bouillon de poulet frais

175 g/ 6 onces de petits pois surgelés

1 boîte de 410 g/ 14½ onces d'abricots coupés en deux, au jus naturel

50 g/ 1¾ onces/ ⅓ tasse de raisins de Smyrne

350 g/ 12 onces/ 6 tasses de riz basmati, fraîchement cuit

1 cuil. à café de coriandre en poudre

4 cuil. à soupe de coriandre fraîche, hachée

1 piment vert, épépiné et coupé en rondelles

sel et poivre

1 Chauffez l'huile dans une grande casserole et faites revenir doucement l'oignon et la dinde pendant 4-5 minutes jusqu'à ce que l'oignon soit transparent et que la dinde soit dorée.

2 Ajoutez la crème au curry. Versez le bouillon, en remuant, et portez à ébullition. Couvrez et laissez cuire 5 minutes à feu doux.

3 Égouttez les abricots, en prenant soin de réserver le jus, et coupez-les en quartiers. Ajoutez le curry, et un peu de jus si le mélange est trop sec. Ajoutez les raisins de Smyrne et laissez cuire 2 minutes.

4 Mélangez le riz avec la coriandre en poudre et la coriandre fraîche, ajoutez le piment, remuez et assaisonnez. Dressez le riz sur des assiettes chaudes et déposez le curry dessus.

VARIANTE

Vous pouvez remplacer les abricots par des pêches si vous préférez. La cuisson est exactement la même.

Terrine de dinde aux courgettes et aux tomates

Un plat impressionnant facile à réussir. La dinde maigre est parfumée aux fines herbes et à la tomate et recouverte de rubans de courgette.

Pour 6 personnes

CALORIES PAR PORTION: 179 • MATIÈRES GRASSES PAR PORTION: 2,7 G

INGRÉDIENTS

1 oignon moyen, finement haché
1 gousse d'ail, écrasée
900 g/ 2 lb de dinde maigre, hachée
1 cuil. à soupe de persil frais, haché

1 cuil. à soupe de ciboulette fraîche, hachée
1 cuil. à soupe d'estragon frais, haché
1 blanc d'œuf moyen, légèrement battu
1 moyenne et 1 grosse courgettes

2 tomates moyennes
sel et poivre
sauce à la tomate et aux fines herbes, pour servir

1 Préchauffez le four à 190°C/ 375°F/ Thermostat 5 et garnissez un moule antiadhésif de papier sulfurisé. Mettez l'oignon, l'ail et la dinde dans un saladier, ajoutez les fines herbes et assaisonnez bien. Mélangez le tout à la main, puis liez avec le blanc d'œuf.

2 Tassez la moitié de la préparation dans le moule. Coupez la courgette moyenne et les tomates en fines rondelles et disposez-les sur la viande. Recouvrez du reste de dinde et tassez fermement.

3 Couvrez de papier d'aluminium et placez dans un plat à rôtir. Versez suffisamment d'eau pour arriver à mi-hauteur du moule. Faites cuire au four 1h-1h1/4, et enlevez le papier d'aluminium 20 minutes avant la fin de la cuisson. Vérifiez que la terrine est cuite en piquant une aiguille en acier en son centre – le jus qui en coule doit être incolore – et la terrine doit s'être détachée des parois du moule.

4 Pendant ce temps, nettoyez la grosse courgette. Avec un couteau-éplucheur ou une lame à couper le fromage, coupez la courgette en minces rubans. Faites bouillir de l'eau dans une casserole et blanchissez les rubans 1-2 minutes jusqu'à ce qu'ils soient tendres. Égouttez et gardez au chaud.

5 Dressez la terrine de dinde sur un plat chaud. Étalez dessus les rubans de courgette et servez avec une sauce tomate aux fines herbes.

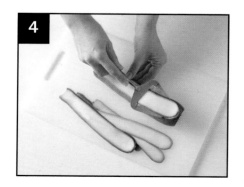

Canard au kiwi et aux framboises

Le canard est une viande riche qui se marie parfaitement avec les fruits, comme dans ce plat raffiné.

Pour 4 personnes

CALORIES PAR PORTION: 286 • MATIÈRES GRASSES PAR PORTION: 8,4 G

INGRÉDIENTS

450 g/ 1lb de blanc de canard désessés, sans peau
2 cuil. à soupe de vinaigre de framboise
2 cuil. à soupe de cognac
1 cuil. à soupe de miel liquide
1 cuil. à café d'huile de tournesol

sel et poivre

POUR SERVIR :
2 kiwis, épluchés et coupés en fines rondelles
assortiment de légumes

SAUCE :
225 g/ 8 onces de framboises, dégelées si elles sont surgelées
300 ml/ ½ pinte/ 1¼ tasse de rosé
2 cuil. à café de Maïzena délayée avec 4 cuil. à café d'eau froide

1 Préchauffez le gril sur moyen. Enlevez la peau et le gras des blancs de canard. Avec un couteau tranchant, incisez la chair en lignes diagonales et martelez la viande avec un attendrisseur ou avec un rouleau à pâtisserie enveloppé pour en réduire l'épaisseur à 1,5 cm/ ¾ pouce.

2 Mettez les blancs de canard dans un plat creux. Mélangez le vinaigre, le cognac et le miel dans un bol et versez sur le canard. Couvrez et réfrigérez environ 1 heure.

3 Égouttez le canard, en réservant la marinade, et posez la viande sur le gril. Assaisonnez et badigeonnez d'huile. Laissez cuire 10 minutes, retournez, assaisonnez et badigeonnez de nouveau d'huile, et laissez cuire encore 8-10 minutes, jusqu'à ce que la viande soit entièrement cuite.

4 Pendant ce temps, préparez la sauce. Réservez environ 60 g/ 2 onces de framboises, et mettez le reste dans une casserole. Ajoutez la marinade réservée et le vin. Portez à ébullition et laissez cuire 5 minutes à feu doux, jusqu'à ce que la sauce ait légèrement réduit.

5 Passez la sauce, en écrasant les framboises avec le dos d'une cuillère. Réversez le liquide dans la casserole et ajoutez la Maïzena délayée. Faites réchauffer, en remuant, jusqu'à ce que la sauce épaississe. Ajoutez les framboises réservées et assaisonnez.

6 Coupez le canard en minces tranches et disposez en éventail sur des assiettes chaudes, en alternant avec les rondelles de kiwi. Nappez de sauce à l'aide d'une cuillère et servez avec un assortiment de légumes.

Canard rôti aux pommes et aux abricots

S'il vous est difficile de trouver des portions de caneton, achetez-en un entier
et coupez-le en morceaux. Enlevez toujours la peau avant de servir.

Pour 4 personnes

CALORIES PAR PORTION: 313 • MATIÈRES GRASSES PAR PORTION: 6,5 G

INGRÉDIENTS

4 portions de canetons, de 350 g/
   12 onces chacune
4 cuil. à soupe de sauce de soja foncée
2 cuil. à soupe de sucre roux clair
2 pommes rouges
2 pommes vertes

jus de 1 citron
2 cuil. à soupe de miel liquide
quelques feuilles de laurier
sel et poivre
assortiment de légumes, pour servir

SAUCE :
1 boîte de 410 g/ 14½ onces d'abricots
   au jus naturel
4 cuil. à soupe de xérès doux

1 Préchauffez le four à 190°C/ 375°F/ Thermostat 5. Lavez le canard et enlevez le gras s'il y en a. Disposez sur une grille posée sur un plat à rôtir et piquez avec une fourchette.

2 Badigeonnez le canard de sauce de soja. Saupoudrez de sucre et poivrez. Faites cuire 50-60 minutes au four, en arrosant de temps en temps, jusqu'à ce que la viande soit entièrement cuite – piquez la viande avec une aiguille en acier, le jus qui en coule doit être incolore.

3 Pendant ce temps, retirez le cœur des pommes et coupez-les en 6 quartiers. Mettez-les dans un saladier et mélangez-les au jus de citron et au miel. Transférez-les dans un petit plat à rôtir, ajoutez quelques feuilles de laurier et assaisonnez. Faites cuire 20-25 minutes à côté du canard, en arrosant de temps en temps, jusqu'à ce que les pommes soient tendres. Ôtez les feuilles de laurier.

4 Pour faire la sauce, mettez les abricots dans un mixeur ou un robot avec le jus et le xérès. Mixez quelques secondes pour obtenir un

mélange homogène. Vous pouvez aussi écraser les abricots à la fourchette et les mélanger au jus et au xérès.

5 Juste avant de servir, faites chauffer la purée d'abricots dans une petite casserole. Enlevez la peau du canard et épongez la viande avec de l'essuie-tout pour absorber le gras.

6 Servez le canard avec les quartiers de pomme et la sauce à l'abricot et accompagné de légumes.

Poissons & Crustacés

Naturellement maigres et riches en minéraux et en protéines, le poisson à chair blanche et les crustacés sont des ingrédients importants utilisés régulièrement dans tout régime pauvre en matières grasses. Ils offrent une si grande variété de parfums et de textures que le nombre de combinaisons possibles est infini.

Des poissons à chair blanche, comme la lotte, l'aiglefin, le cabillaud et le turbot, sont faciles à trouver et à cuisiner. Les crustacés, de même, contiennent peu de matières grasses et sont très parfumés. Ils peuvent être cuisinés de différentes manières pour produire des plats sains et succulents. Certains poissons – saumon, thon, truite et maquereau – sont gras et doivent être consommés avec modération. Néanmoins, ils sont riches en vitamines liposolubles A et D, et il est considéré que l'huile de ces poissons facilite la décomposition du cholestérol dans le sang.

N'hésitez donc pas à les utiliser et découvrez des recettes conviviales qui feront bientôt partie de votre répertoire courant, depuis le Gratin au thon et aux crevettes et les Croquettes de poisson à la sauce tomate piquante jusqu'au Saumon aux cinq épices avec un sauté au gingembre et les Brochettes de fruits de mer à l'orientale, plus raffinés.

Gratin de pâtes au thon et aux crevettes

Ce plat est idéal pour un dîner consistant. Vous pouvez utiliser les pâtes de votre choix,
mais les mélanges tricolores donnent un résultat plus coloré.

Pour 4 personnes

CALORIES PAR PORTION : 470 • MATIÈRES GRASSES PAR PORTION : 8,5 G

INGRÉDIENTS

225 g/ 8 onces de pâtes tricolores
1 cuil. à soupe d'huile végétale
1 botte d'oignons primeurs, détaillés et
   hachés
175 g/ 6 onces de petits champignons
   de Paris, émincés
1 boîte de 400 g/ 14 onces de thon au
   naturel, égoutté et émietté

175 g/ 6 onces de crevettes
   décortiquées, dégelées si elles sont
   surgelées
2 cuil. à soupe de Maïzena
425 ml/ 15 oz liquides/ 1³/₄ tasse de
   lait écrémé
4 tomates moyennes, coupées en
   tranches minces

25 g/ 1 once de mie de pain fraîche
25 g/ 1 once de cheddar allégé, râpé
sel et poivre

POUR SERVIR :
pain complet
salade verte

1 Préchauffez le four à 190°C/ 375°F/ Thermostat 5. Faites bouillir de l'eau dans une grande casserole et faites cuire les pâtes en suivant les instructions sur le paquet. Égouttez bien.

2 Pendant ce temps, chauffez l'huile dans une poêle et faites revenir tous les oignons primeurs sauf une poignée et tous les champignons pendant 4-5 minutes, en remuant.

3 Mettez les pâtes cuites dans un saladier, ajoutez les oignons primeurs et les champignons, le thon et les crevettes et mélangez. Réservez.

4 Délayez la Maïzena dans un peu de lait. Versez le reste du lait dans une casserole et incorporez-y la Maïzena délayée. Faites chauffer, en remuant, jusqu'à ce que la sauce commence à épaissir. Assaisonnez.

5 Versez la sauce sur le mélange de pâtes et remuez jusqu'à ce qu'elle soit bien incorporée. Mettez dans un plat à gratin allant au four et posez sur une plaque à pâtisserie.

6 Disposez les rondelles de tomates sur les pâtes et parsemez de mie de pain et de fromage. Faites cuire au four 25-30 minutes jusqu'à ce que le gratin soit doré. Servez décoré avec les oignons primeurs réservés et accompagné de pain et d'une salade.

Croquettes de poisson à la sauce tomate piquante

Le mélange de poisson à chair blanche et à chair rose
transforme l'humble croquette de poisson en un mets un peu plus recherché.

Pour 4 personnes

CALORIES PAR PORTION : 320 • MATIÈRES GRASSES PAR PORTION : 7,5 G

INGRÉDIENTS

450 g/ 1 lb de pommes de terre,
  coupées en dés
225 g/ 8 onces de filet d'aiglefin
225 g/ 8 onces de filet de truite
1 feuille de laurier
425 ml/ 15 oz liquides/ 1³/₄ tasse de
  bouillon de poisson frais
2 cuil. à soupe de fromage blanc battu
  (yaourt non sucré) nature, à 0%

4 cuil. à soupe de ciboulette fraîche,
  ciselée
75 g/ 2³/₄ onces de chapelure
1 cuil. à soupe d'huile de tournesol
sel et poivre
ciboulette fraîche ciselée, pour le décor
quartiers de citron, pour servir

SAUCE TOMATE PIQUANTE :
200 ml/ 7 oz liquides/ ³/₄ tasse de
  passata (tomates passées au tamis)
4 cuil. à soupe de vin blanc sec
4 cuil. à soupe de yaourt nature (non
  sucré) à 0%
piment rouge en poudre

1 Mettez les pommes de terre dans une casserole et recouvrez d'eau. Portez à ébullition et laissez cuire 10 min. ou jusqu'à ce qu'elles soient tendres. Égouttez-les bien, puis écrasez-les.

2 Pendant ce temps, mettez le poisson dans une casserole avec la feuille de laurier et le bouillon. Portez à ébullition et laissez cuire 7-8 minutes à feu doux, jusqu'à ce que le poisson soit tendre. Retirez le poisson avec une écumoire et émiettez la chair après avoir ôté la peau.

3 Mélangez délicatement le poisson cuit avec la purée de pommes de terre, le fromage blanc (yaourt non sucré), la ciboulette, le sel et le poivre. Laissez refroidir, puis couvrez et réfrigérez 1 heure.

4 Saupoudrez la chapelure sur une assiette. Divisez le mélange de poisson en 8 et façonnez chaque portion en croquette de 7,5 cm/ 3 pouces de diamètre environ. Retournez chaque croquette dans la chapelure pour la recouvrir complètement.

5 Badigeonnez une poêle d'huile et faites frire les croquettes 6 minutes. Retournez les croquettes et faites-les frire encore 5-6 minutes, jusqu'à ce qu'elles soient dorées. Égouttez-les sur de l'essuie-tout et gardez-les au chaud.

6 Pour faire la sauce, faites chauffer la passata et le vin. Assaisonnez, retirez du feu et incorporez le yaourt. Remettez sur le feu, parsemez de piment rouge en poudre et servez avec les croquettes.

Moules à la provençale

Ces grosses moules délicieuses sont servies chaudes avec une savoureuse sauce à la tomate et aux légumes.
Si vous ne trouvez pas de moules de Nouvelle-Zélande, servez la sauce avec des moules fraîches cuites à l'étuvée.

Pour 4 personnes

CALORIES PAR PORTION : 185 • MATIÈRES GRASSES PAR PORTION : 6,5 G

INGRÉDIENTS

1 cuil. à soupe d'huile d'olive
1 gros oignon, finement haché
1 gousse d'ail, finement hachée
1 petit poivron rouge, épépiné et
    finement haché
brin de romarin
2 feuilles de laurier
1 boîte de 400 g/ 14 onces de tomates
    en morceaux

150 ml/ 5 oz liquides/ ²/₃ tasse de vin
    blanc
1 courgette, coupés en petits dés
2 cuil. à soupe de concentré de tomates
1 cuil. à café de sucre en poudre
50 g/ 1³/₄ once d'olives noires en
    saumure dénoyautées, égouttées et
    hachées

675 g/ 1¹/₂ lb de moules de Nouvelle-
    Zélande cuites, dans leur coquille
1 cuil. à café de zeste d'orange
sel et poivre
pain croustillant, pour servir

POUR LE DÉCOR :
2 cuil. à soupe de persil frais haché
rondelles d'orange

1 Faites chauffer l'huile dans une grande casserole et faites revenir doucement l'oignon, l'ail et le poivron pendant 3-4 minutes.

2 Ajoutez-y le brin de romarin et les feuilles de laurier avec les tomates et 100 ml/ 3½ oz liquides/ ⅓ tasse de vin. Salez et poivrez, puis portez à ébullition et laissez cuire 15 minutes à feu doux.

3 Ajoutez la courgette, le concentré de tomates, le sucre et les olives et mélangez. Laissez cuire 10 minutes à feu doux.

4 Pendant ce temps, faites bouillir de l'eau dans une casserole. Mettez les moules dans un cuit-vapeur ou un grand égouttoir et placez au-dessus de l'eau. Arrosez avec le reste du vin et parsemez de zeste d'orange. Couvrez et faites cuire à l'étuvée jusqu'à ce que les moules s'ouvrent (jetez les moules qui restent fermées).

5 Sortez les moules avec une écumoire et dressez-les sur un plat chaud. Ôtez les fines herbes et versez la sauce sur les moules. Décorez avec le persil et les rondelles d'orange, et servez.

MON CONSEIL

Pour une sauce optimale, hachez les légumes aussi fins que possible.

Riz au poisson, sauce au rhum

Basé sur une recette cubaine traditionnelle, ce plat ressemble à la paella espagnole,
mais il est légèrement corsé par le rhum. Plat unique, il suffit de l'accompagner d'une simple salade.

Pour 4 personnes

CALORIES PAR PORTION : 575 • MATIÈRES GRASSES PAR PORTION : 4,5 G

INGRÉDIENTS

450 g/ 1 lb de filets de poisson à chair blanche ferme (cabillaud ou lotte), sans la peau et coupé en cubes de 2,5 cm/ 1 pouce
2 cuil. à café de cumin en poudre
2 cuil. à café d'origan séché
2 cuil. à soupe de jus de citron vert
150 ml/ 5 oz liquides/ ²/₃ tasse de rhum
1 cuil. à soupe de sucre roux foncé
3 gousses d'ail, finement hachées

1 gros oignon, haché
1 poivron rouge moyen, épépiné et coupé en anneaux
1 poivron vert moyen, épépiné et coupé en anneaux
1 poivron jaune moyen, épépiné et coupé en anneaux
1,2 litres/ 2 pintes/ 5 tasses de bouillon de poisson

350 g/ 12 onces/ 2 tasses de riz longs grains
sel et poivre
pain croustillant, pour servir

POUR LE DÉCOR :
feuilles d'origan frais
quartiers de citron vert

1 Mettez les cubes de poisson dans un saladier et ajoutez le cumin, l'origan, le sel, le poivre, le jus de citron vert, le rhum et le sucre. Mélangez bien, couvrez et réfrigérez 2 heures.

2 Pendant ce temps, mettez l'ail, l'oignon et les poivrons dans une grande casserole. Mouillez avec le bouillon et ajoutez le riz. Portez à ébullition, couvrez et laissez cuire 15 minutes.

3 Ajoutez délicatement le poisson et le jus de la marinade à la casserole. Portez de nouveau à ébullition et faites cuire à feu doux, à découvert, en remuant de temps en temps mais en veillant à ne pas briser le poisson, pendant 10 minutes, jusqu'à ce que le poisson soit cuit et le riz tendre.

4 Assaisonnez et dressez sur un plat chaud. Décorez avec l'origan frais et les quartiers de citron vert et servez avec du pain croustillant.

VARIANTE

Si vous préférez, remplacez le rhum
par du jus d'orange non sucré
dans la marinade.

Sauté aux fruits de mer

*Ce mélange de fruits de mers variés et de légumes tendres délicatement parfumé
par le gingembre est un plat léger idéal servi avec des nouilles fines.*

Pour 4 personnes

CALORIES PAR PORTION : 205 • MATIÈRES GRASSES PAR PORTION : 6,5 G

INGRÉDIENTS

100 g/ 3¹/₂ onces de petites pointes
d'asperges minces, nettoyées
1 cuil. à soupe d'huile de tournesol
1 morceau de gingembre de 2,5 cm/
1 pouce, coupé en fines lanières
1 poireau moyen, en fines lanières
2 carottes moyennes, en julienne

100 g/ 3¹/₂ onces de minis épis de maïs,
coupés en quatre dans le sens de la
longueur
2 cuil. à soupe de sauce de soja claire
1 cuil. à soupe de sauce à l'huître
1 cuil. à café de miel liquide
450 g/ 1 lb d'assortiment de fruits de
mer cuits, dégelés s'ils sont surgelés

nouilles aux œufs fraîchement cuites,
pour servir

POUR LE DÉCOR :
4 grosses crevettes cuites
petit bouquet de ciboulette fraîche

1 Faites bouillir de l'eau dans une
petite casserole et blanchissez les
asperges 1 à 2 minutes. Égouttez les
asperges et réservez-les au chaud.

2 Chauffez l'huile dans un wok ou
une grande poêle et faites sauter le
gingembre, le poireau, les carottes et le
maïs environ 3 minutes.

3 Ajoutez la sauce de soja, la sauce à
l'huître et le miel dans le wok ou
la poêle. Ajoutez les fruits de mer et
remuez. Faites sauter encore 2-3
minutes jusqu'à ce que les légumes

soient tout juste tendres et les fruits
de mer soit bien chauds. Ajoutez les
asperges blanchies et faites sauter
environ 2 minutes.

4 Pour servir, dressez un nid de
nouilles sur 4 assiettes chaudes et
déposez le sauté de fruits de mer et de
légumes dessus à la cuillère. Décorez
avec une grosse crevette et la ciboulette
fraîchement ciselée et servez.

MON CONSEIL

*Lorsque vous préparez
des légumes à chair
dense, tels que carottes
et autres racines, pour
un sauté, coupez-les en rondelles
fines d'épaisseur égale pour
qu'ils cuisent rapidement à la même
vitesse. Les légumes fragiles, comme
les poivrons, les poireaux et les
oignons primeurs peuvent être
coupés plus gros.*

Tourte fumée au poisson

Ce plat très parfumé est idéal pour un dîner léger.

Pour 4 personnes

CALORIES PAR PORTION : 510 • MATIÈRES GRASSES PAR PORTION : 6 G

INGRÉDIENTS

900 g/ 2 lb de filet de haddock ou de cabillaud
600 ml/ 1 pinte/ 2¹/₂ tasses de lait écrémé
2 feuilles de laurier
115 g/ 4 onces de petits champignons de Paris, coupés en quatre

115 g/ 4 onces de petits pois surgelés
115 g/ 4 onces de grains de maïs surgelés
675 g/ 1¹/₂ lb de pommes de terre, en dés
5 cuil. à soupe de yaourt nature (non sucré) à 0%

4 cuil. à soupe de persil frais haché
60 g/ 2 onces de saumon fumé, en fines lanières
3 cuil. à soupe de Maïzena
25 g/ 1 once de fromage fumé, râpé
sel et poivre
quartiers de citron, pour le décor

1 Préchauffez le four à 200°C/ 400°F/ Thermostat 6. Mettez le poisson dans une casserole et ajoutez le lait et les feuilles de laurier. Portez à ébullition, couvrez, puis laissez cuire 5 minutes à feu doux.

2 Ajoutez les champignons, les petits pois et le maïs à la casserole, portez de nouveau à ébullition, couvrez et laissez cuire 5-7 minutes à feu doux. Laissez refroidir.

3 Mettez les pommes de terre dans une casserole, recouvrez d'eau, portez à ébullition et laissez cuire 8 minutes. Égouttez-les bien et écrasez-les avec une fourchette ou passez-les au presse-purée. Ajoutez le yaourt, le persil, sel et poivre. Réservez.

4 Avec une écumoire, retirez le poisson de la casserole. Émiettez la chair du poisson cuit après en avoir ôté la peau puis mettez-le dans un plat à gratin allant au four. Réservez le liquide de cuisson.

5 Égouttez les légumes, en réservant le liquide de cuisson, et ajoutez le poisson et les lanières de saumon en remuant délicatement.

6 Délayez la Maïzena avec un peu de liquide de cuisson. Mettez le reste du liquide dans une casserole et ajoutez la Maïzena délayée. Réchauffez, en remuant, jusqu'à ce que la sauce épaississe. Ôtez les feuilles de laurier et assaisonnez.

7 Versez la sauce sur le poisson et les légumes. Recouvrez le poisson avec la purée de pomme de terre, parsemez de fromage et faites cuire 25-30 minutes au four. Décorez avec les quartiers de citron et servez.

Spaghettis aux fruits de mer

Vous pouvez utiliser le mélange de fruits de mer de votre choix –
ils sont pochés dans un bouillon savoureux et servis avec des spaghettis fraîchement cuits.

Pour 4 personnes

CALORIES PAR PORTION : 400 • MATIÈRES GRASSES PAR PORTION : 7 G

INGRÉDIENTS

2 cuil. à café d'huile d'olive
1 petit oignon rouge, finement haché
1 cuil. à soupe de jus de citron
1 gousse d'ail, écrasée
2 branches de céleri, finement hachées
150 ml/ 5 oz liquides/ $^2/_3$ tasse de bouillon de poisson frais

150 ml/ 5 oz liquides/ $^2/_3$ tasse de vin blanc sec
petit bouquet d'estragon frais
450 g/ 1 lb de moules fraîches, préparées
225 g/ 8 onces de jeunes calmars, nettoyés, préparés et coupés en rondelles

225 g/ 8 onces de crevettes fraîches, décortiquées
8 petites pinces de crabes cuites, brisées et décortiquées
225 g/ 8 onces de spaghettis
sel et poivre
2 cuil. à soupe d'estragon frais haché, pour le décor

1 Chauffez l'huile dans une grande casserole et faites revenir l'oignon avec le jus de citron, l'ail et le céleri 3-4 minutes.

2 Mouillez avec le bouillon et le vin. Portez à ébullition et ajoutez l'estragon et les moules. Couvrez et laissez cuire 5 minutes à feu doux. Ajoutez les crevettes, les calmars et les pinces de crabe à la casserole, mélangez et laissez cuire 3-4 minutes, jusqu'à ce que les moules s'ouvrent, les crevettes soient rosées et les calmars opaques. Jetez les moules qui sont restées fermées ainsi que l'estragon.

3 Pendant ce temps, faites cuire les spaghettis dans une casserole d'eau bouillante en suivant les instructions sur le paquet. Égouttez bien.

4 Ajoutez les spaghettis aux fruits de mer et remuez. Salez et poivrez.

5 Dressez sur des assiettes chaudes et versez le liquide de cuisson dessus. Décorez avec l'estragon fraîchement haché et servez.

MON CONSEIL

Les pinces de crabes renferment de la chair maigre. Demandez à votre poissonnier de casser les pinces, en laissant les extrémités intactes, car la carapace est très dure.

Vivaneau farci au piment et au crabe

La chair de ce poisson rose-rouge est tendre et moelleuse.
Dans cette recette il est cuit à l'étuvée, mais on peut aussi le faire au four ou braisé.

Pour 4 personnes

CALORIES PAR PORTION : 120 • MATIÈRES GRASSES PAR PORTION : 1 G

INGRÉDIENTS

4 vivaneaux, nettoyés et écaillés,
    d'environ 175 g/ 6 onces chacun (si
    vous ne trouvez pas ce poisson dans
    le commerce, utilisez du loup de mer)
2 cuil. à soupe de xérès sec
sel et poivre
quartiers de citron vert, pour le décor

FARCE :
1 petit piment rouge
1 gousse d'ail
1 oignon primeur
1/2 cuil. à café de zeste de citron vert,
    finement râpé
1 cuil. à soupe de jus de citron vert

100 g/ 3 1/2 onces de chair de crabe
    blanche, émiettée

POUR SERVIR :
légumes en lanières, sautés
riz blanc cuit à l'eau

1 Rincez le poisson et épongez-le avec de l'essuie-tout. Assaisonnez l'intérieur et l'extérieur et mettez-le dans un plat creux. Versez le xérès dessus à l'aide d'une cuillère et réservez.

2 Pendant ce temps, préparez la farce. Coupez le piment rouge soigneusement en deux, enlevez les pépins et hachez-le finement. Mettez-le dans un petit saladier.

3 Épluchez l'ail et hachez-le finement. Nettoyez l'oignon primeur et hachez-le finement. Ajoutez le piment ainsi que le zeste de citron vert râpé, le jus de citron vert et le crabe émietté. Salez et poivrez et amalgamez tous les ingrédients. Remplissez les poissons de farce.

4 Faites bouillir de l'eau dans une grande casserole. Disposez le poisson dans un cuit-vapeur garni de papier sulfurisé ou dans un grand égouttoir et placez au-dessus de l'eau bouillante. Couvrez et laissez cuire à l'étuvée pendant 10 minutes. Retournez le poisson et laissez cuire encore 10 minutes ou jusqu'à ce que le poisson soit cuit.

5 Égouttez le poisson et dressez-le sur un plat. Décorez avec les quartiers de citron vert et servez avec des légumes sautés et du riz blanc.

MON CONSEIL

Lavez-vous toujours les mains après avoir touché les piments car ils peuvent irriter la peau et les yeux.

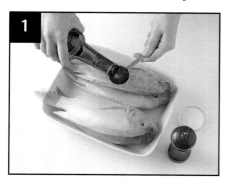

Brochettes de poisson aux agrumes

Vous pouvez utiliser votre poisson préféré pour ce plat, pourvu qu'il soit assez ferme pour enfiler sur une brochette. Le piquant des oranges en fait un mets rafraîchissant.

Pour 4 personnes

CALORIES PAR PORTION : 335 • MATIÈRES GRASSES PAR PORTION : 14,5 G

INGRÉDIENTS

450 g/ 1 lb de filet de poisson à chair blanche ferme (cabillaud ou lotte)
450 g/ 1 lb de filets de saumon
2 grosses oranges
1 pamplemousse rose
1 bouquet de feuilles de laurier fraîches

1 cuil. à café de zeste de citron finement râpé
3 cuil. à soupe de jus de citron
2 cuil. à café de miel liquide
2 gousses d'ail, écrasées
sel et poivre

POUR SERVIR :
pain croustillant
salade mélangée

1 Enlevez la peau du poisson à chair blanche et du saumon, rincez et épongez avec de l'essuie-tout. Coupez chaque filet en 16 morceaux.

2 Avec un couteau tranchant, épluchez les oranges et le pamplemousse et enlevez la peau blanche. Coupez les quartiers de chair, en enlevant toute trace de peau blanche et la peau qui les sépare.

3 Enfilez les morceaux de poisson sur 8 brochettes en les alternant avec les quartiers d'orange et de pamplemousse et les feuilles de laurier.

4 Mélangez le zeste et le jus de citron, le miel et l'ail. Versez sur les brochettes de poissons et assaisonnez. Couvrez et réfrigérez 2 heures, en retournant les brochettes de temps et temps.

5 Préchauffez le gril sur moyen. Retirez les brochettes de la marinade et placez-les sur le gril. Laissez cuire 7-8 minutes, en retournant une fois, jusqu'à ce qu'elles soient entièrement cuites.

6 Égouttez, dressez sur des assiettes et servez avec du pain croustillant et une salade assortie.

VARIANTE

Ce plat peut être servi comme entrée originale. Essayez la recette avec d'autres poissons à chair ferme – espadon ou requin, par exemple – ou avec du thon pour une texture plus consistante.

Pizza aux fruits de mer

Cette garniture qui change un peu de l'ordinaire se compose d'une masse de fruits de mer cuits dans une sauce à la tomate et au poivron rouge sur une pâte parfumée à l'aneth.

Pour 4 personnes

CALORIES PAR PORTION : 315 • MATIÈRES GRASSES PAR PORTION : 7 G

INGRÉDIENTS

145 g/ 5 onces de préparation standard pour pâte à pizza
4 cuil. à soupe d'aneth frais, haché, ou 2 cuil. à soupe d'aneth séché
aneth frais, pour le décor

SAUCE :
1 gros poivron rouge

1 boîte de 400 g/ 14 onces de tomates en morceaux avec oignons et fines herbes
3 cuil. à soupe de concentré de tomates
sel et poivre

GARNITURE :
350 g/ 12 onces de fruits de mer mélangés cuits, dégelés s'ils sont surgelés

1 cuil. à soupe de câpres en saumure, égouttés
25 g/ 1 once d'olives noires dénoyautées en saumure, égouttées
25 g/ 1 once de mozzarella allégée, râpée
1 cuil. à soupe de parmesan frais râpé

1 Préchauffez le four à 200°C/ 400°F/ Thermostat 6. Mettez la préparation pour pâte à pizza dans un saladier et ajoutez l'aneth. Faites la pâte en suivant le mode d'emploi sur le paquet.

2 Étalez la pâte sur une plaque à pâtisserie recouverte de papier sulfurisé, de manière à former un cercle de 25,5 cm/ 10 pouces de diamètre environ. Laissez lever la pâte.

3 Préchauffez le gril sur chaud. Pour réaliser la sauce, coupez le poivron en deux et retirez les pépins, puis posez-le sur le gril. Laissez cuire 8-10 minutes jusqu'à ce qu'il soit ramolli et grillé. Laissez refroidir légèrement, enlevez la peau et hachez la chair.

4 Mettez les tomates et le poivron dans une casserole. Portez à ébullition et laissez cuire 10 minutes à

feu doux. Ajoutez la purée de tomates et assaisonnez.

5 Étalez la sauce sur la pâte à pizza et recouvrez de fruits de mer. Parsemez les câpres et les olives, puis les fromages et faites cuire au four 25-30 minutes. Décorez avec des brins d'aneth et servez chaud.

Flétan poêlé avec condiment à l'oignon rouge

Le condiment épicé et coloré relève bien le poisson. Vous pouvez utiliser des oignons blancs si vous préférez, mais les oignons rouges sont légèrement plus sucrés.

Pour 4 personnes

CALORIES PAR PORTION : 250 • MATIÈRES GRASSES PAR PORTION : 8 G

INGRÉDIENTS

1 cuil. à café d'huile d'olive
4 tranches de flétan, sans peau, de
   175 g/ 6 onces chacune
1/2 cuil. à café de Maïzena délayée avec
   2 cuil. à café d'eau froide
sel et poivre

2 cuil. à soupe de ciboulette fraîche,
   ciselée, pour le décor

CONDIMENT À L'OIGNON ROUGE :
2 oignons rouges moyens
6 échalotes
1 cuil. à soupe de jus de citron

2 cuil. à café d'huile d'olive
2 cuil. à soupe de vinaigre de vin rouge
2 cuil. à café de sucre en poudre
150 ml/ 5 oz liquides/ 2/3 tasse de
   bouillon de poisson frais

1 Pour réaliser le condiment, épluchez les oignons et les échalotes et coupez-les en fines lamelles. Mettez-les dans un petit saladier et nappez-les de jus de citron.

2 Chauffez 2 cuil. à café d'huile dans une poêle et faites revenir les oignons et les échalotes 3-4 minutes.

3 Ajoutez le vinaigre et le sucre et laissez cuire encore 2 minutes sur feu vif. Versez le bouillon et assaisonnez. Portez à ébullition et laissez cuire lentement à feu doux encore 8-9 minutes jusqu'à ce que la sauce ait épaissi et légèrement diminué.

4 Badigeonnez d'huile une poêle-gril antiadhésive et chauffez jusqu'à ce qu'elle soit bien chaude. Appuyez sur les tranches de poisson dans la poêle pour les saisir, baissez le feu et laissez cuire 4 minutes. Retournez le poisson et laissez cuire 4-5 minutes jusqu'à ce qu'il soit entièrement cuit.

Égouttez sur de l'essuie-tout et gardez au chaud.

5 Mélangez la Maïzena délayée à la sauce à l'oignon et faites réchauffez, en remuant, jusqu'à ce que la sauce épaississe. Assaisonnez.

6 Dressez un lit de condiment sur 4 assiettes chaudes et posez une tranche de flétan dessus. Décorez avec la ciboulette et le poivre moulu.

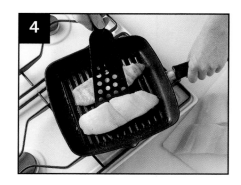

Saumon aux cinq épices avec sauté au gingembre

La poudre aux cinq épices est un mélange d'anis étoilé, de fenouil, de cannelle, de clous de girofle et de poivre de Se-Tchouan au parfum délicieux qui est souvent utilisé comme assaisonnement dans la cuisine chinoise.

Pour 4 personnes

CALORIES PAR PORTION : 295 • MATIÈRES GRASSES PAR PORTION : 18 G

INGRÉDIENTS

4 filets de saumon, sans peau, de 115 g/
    4 onces chacun
2 cuil. à café de poudre aux cinq épices
poivre
1 gros poireau
1 grosse carotte
115 g/ 4 onces de mange-tout

1 morceau de 2,5 cm/ 1 pouce de
    gingembre frais
2 cuil. à soupe de vin de gingembre
2 cuil. à soupe de sauce de soja claire
1 cuil. à soupe d'huile végétale
nouilles fraîchement cuites à l'eau,
    pour servir

POUR LE DÉCOR :
poireau, en lanières
gingembre frais, en lanières
carotte, en lanières

1 Lavez le saumon et épongez-le avec de l'essuie-tout. Frottez le poisson des deux côtés avec la poudre aux cinq épices et assaisonnez avec du poivre fraîchement moulu. Réservez.

2 Nettoyez le poireau, coupez-le en deux dans le sens de la longueur et rincez-le sous l'eau courante pour enlever toute la saleté. Coupez le poireau en fines lanières. Épluchez la carotte et coupez-la en très fines lanières. Équeutez les mange-tout et coupez-les en fines lanières. Épluchez

le gingembre et coupez-le en fines lanières.

3 Mettez tous les légumes dans un grand saladier et ajoutez le vin de gingembre et 1 cuil. à soupe de sauce de soja puis remuez. Réservez.

4 Préchauffez le gril sur moyen. Mettez le saumon sur le gril et badigeonnez-le avec le reste de la sauce de soja. Laissez cuire 2-3 minutes de chaque côté jusqu'à ce qu'il soit entièrement cuit.

5 Pendant que le saumon cuit, chauffez l'huile dans un wok anti adhésif ou une grande poêle anti adhésive et faites sauter les légumes 5 minutes jusqu'à ce qu'ils soient juste tendres. Veillez à ne pas trop faires cuire les légumes – ils doivent rester croquants. Dressez-les sur des assiettes.

6 Égouttez le saumon sur de l'essuie-tout et servez sur un lit de légumes sautés. Décorez avec le poireau, le gingembre et la carotte en lanières et servez avec des nouilles.

Brochettes de fruits de mer à l'orientale

Ces kébabs de fruits de mer et légumes sont idéals lors d'une soirée.
Ils sont rapides et faciles à préparer et sont très vite cuits.

Pour 12 brochettes

CALORIES PAR PORTION : 100 • MATIÈRES GRASSES PAR PORTION : 2,5 G

INGRÉDIENTS

350 g/ 12 onces de crevettes roses crues, décortiquées avec queues intactes

350 g/ 12 onces de coquilles Saint-Jacques, nettoyées, décoquillées et coupées en deux (en quatre si elles sont grosses)

1 botte d'oignons primeurs, coupés en morceaux de 2,5 cm/ 1 pouce

1 poivron rouge moyen, épépiné et coupé en cubes

100 g/ 3½ onces de mini épis de maïs, nettoyés et coupés en morceaux de 1 cm/ ½ pouce

3 cuil. à soupe de sauce de soja foncée

½ cuil. à café de piment rouge en poudre

½ cuil. à café de gingembre en poudre

1 cuil. à soupe d'huile de tournesol

1 piment rouge, épépiné et coupé en rondelles

SAUCE D'ACCOMPAGNEMENT (DIP) :

4 cuil. à soupe de sauce de soja foncée

4 cuil. à soupe de xérès sec

2 cuil. à café de miel liquide

1 morceau de gingembre frais de 2,5 cm/ 1 pouce, épluché et râpé

1 oignon primeur, nettoyé et coupé en très fines rondelles

1 Faites tremper 12 brochettes en bois dans de l'eau froide pendant 10 minutes pour les empêcher de brûler.

2 Divisez les crevettes roses, les coquilles Saint-Jacques, les oignons primeurs, le poivron et les mini épis de maïs en 12 portions et enfilez les morceaux sur les brochettes. Recouvrez les extrémités de papier d'aluminium pour qu'elles ne brûlent pas et mettez-les dans un plat creux.

3 Mélangez la sauce de soja, le piment en poudre et le gingembre en poudre et recouvrez-en les kébabs. Couvrez et réfrigérez environ 2 heures.

4 Préchauffez le gril sur chaud. Disposez les brochettes sur la grille, badigeonnez d'huile les fruits de mer et les légumes et laissez cuire 2-3 minutes de chaque côté jusqu'à ce que les crevettes deviennent roses, les

coquilles Saint-Jacques opaques et les légumes soient tendres.

5 Mélangez les ingrédients de la sauce et réservez.

6 Enlevez le papier d'aluminium et dressez les kébabs sur un plat chaud. Décorez avec les rondelles de piment et servez avec la sauce d'accompagnement.

Darnes de thon aux épices et au citron vert

Les darnes de thon frais sont très consistantes – elles sont fermes, mais néanmoins succulentes. Ce plat agrémentera parfaitement un barbecue.

Pour 4 personnes

CALORIES PAR PORTION : 200 • MATIÈRES GRASSES PAR PORTION : 3,5 G

INGRÉDIENTS

4 darnes de thon, de 175 g/ 6 onces chacune
½ cuil. à café de zeste de citron vert finement râpé
1 gousse d'ail, écrasée
2 cuil. à café d'huile d'olive

1 cuil. à café de cumin en poudre
1 cuil. à café de coriandre en poudre
poivre
1 cuil. à soupe de jus de citron vert
2 cuil. à soupe de coriandre fraîche hachée

POUR SERVIR :
condiment à l'avocat (voir Mon Conseil ci-dessous)
quartiers de citron vert

1 Enlevez la peau du thon, rincez et essuyez avec de l'essuie-tout.

2 Dans un petit saladier, mélangez le zeste de citron vert, l'ail, l'huile d'olive, le cumin, la coriandre et le poivre pour en réaliser une pâte.

3 Étalez la pâte sur le thon en couche mince des deux côtés. Faites chauffer une poêle-gril antiadhésive jusqu'à ce qu'elle soit bien chaude et appuyez sur les darnes de thon dans la poêle pour les saisir.

Réduisez la chaleur et laissez cuire 5 minutes. Retournez le poisson et laissez cuire encore 4-5 minutes jusqu'à ce que le poisson soit entièrement cuit. Égouttez-le sur de l'essuie-tout et dressez-le sur un plat.

4 Arrosez le poisson avec le jus de citron vert et saupoudrez la coriandre hachée dessus. Servez avec un condiment à l'avocat fraîchement préparé (voir Mon Conseil, ci-contre) et des quartiers de citron vert.

MON CONSEIL

Pour le condiment léger à l'avocat, épluchez un petit avocat mûr et enlevez le noyau. Retournez-le dans 1 cuil. à soupe de jus de citron vert. Ajoutez 1 cuil. à soupe de coriandre fraîchement hachée et 1 petit oignon rouge finement haché. Ajoutez quelques morceaux de mangue fraîche hachée ou une tomate moyenne en morceaux et assaisonnez.

Truite braisée à la mexicaine

Ce plat peut être plus ou moins épicé au choix, il suffit de mettre plus ou moins de piment rouge.
Les piments verts sont moins forts et apportent un piquant rafraîchissant.

Pour 4 personnes

CALORIES PAR PORTION : 235 • MATIÈRES GRASSES PAR PORTION : 5,5 G

INGRÉDIENTS

4 truites, de 225 g/ 8 onces chacune
1 petit bouquet de coriandre fraîche
4 échalotes, en fines lanières
1 petit poivron jaune, épépiné et haché très fin

1 petit poivron rouge, épépiné et haché très fin
2 piments verts, épépinés et finement hachés
1-2 piments rouges, épépinés et finement hachés

1 cuil. à soupe de jus de citron
1 cuil. à soupe de vinaigre de vin blanc
2 cuil. à café de sucre en poudre
sel et poivre
coriandre fraîche, pour le décor

1 Préchauffez le four à 180°C/ 350°F/ Thermostat 4. Lavez les truites et essuyez-les avec de l'essuie-tout. Assaisonnez l'intérieur et remplissez-les de quelques feuilles de coriandre.

2 Mettez les poissons côte à côte dans un plat creux allant au four. Parsemez les échalotes, les poivrons et les piments dessus.

3 Mélangez le jus de citron, le vinaigre et le sucre dans un saladier. Versez sur les truites avec une cuillère, puis salez et poivrez. Couvrez le plat et laissez cuire au four 30 minutes, ou jusqu'à ce que le poisson soit tendre et la chair opaque.

4 Sortez le poisson avec une pelle à poisson et égouttez. Dressez sur des assiettes chaudes et arrosez le poisson avec le liquide de cuisson. Décorez avec les feuilles de coriandre fraîche et servez immédiatement avec du riz aux haricots rouges, au choix (voir Mon Conseil, ci-contre).

MON CONSEIL

Pour réaliser du riz aux haricots rouges, faites cuire 225 g/ 8 onces/ 1¹/₄ tasse de riz longs grains dans de l'eau bouillante. Égouttez et remettez dans la casserole. Égouttez et rincez 400 g/ 14 onces de haricots rouges en conserve et ajoutez-les au riz avec 1 cuil. à café de cumin et de coriandre en poudre. Ajoutez 4 cuil. à soupe de coriandre fraîchement hachée et assaisonnez.

Légumes & Salades

Les légumes à feuilles sont bien souvent trop cuits et ramollis, toute leur valeur nutritionnelle et tout leur parfum s'étant évaporés au cours de la cuisson. Quant aux salades, elles ne sont souvent rien de plus que quelques maigres feuilles de laitue vert-pâle avec une tranche de tomate et une rondelle sèche d'oignon. Exploitez au maximum la merveilleuse gamme de produits frais disponibles dans les commerces et sur les marchés.

Faites cuire les brocolis et le chou à l'étuvée pour qu'ils conservent leur couleur et restent croquants. Tirez le maximum de la couleur alléchante des poivrons orange et jaunes et du marron-pourpre presque incroyable de l'aubergine. Utilisez des légumes râpés - carottes et daikon ou radis blanc - pour donner du parfum et de la texture à vos garnitures et à vos ragoûts. Recherchez les salades rougeâtres ou frisées pour réveiller vos salades d'été. Utilisez des tomates cerises sucrées dans vos salades et vos brochettes, et faites une descente dans votre jardin pour y cueillir des brins de menthe fraîche et des feuilles de basilic.

Tous les types de noix, de noisettes et de graines sont riches en matières grasses, et il est donc préférable de les utiliser avec modération. Néanmoins, elles sont une source précieuse de protéines et de minéraux, et les végétariens et végétaliens, en particulier, ne manqueront pas de veiller à inclure ces ingrédients essentiels dans leur régime alimentaire.

Spaghettis aux légumes, sauce citronnée

Cuits à l'étuvée, les légumes gardent toute leur valeur nutritionnelle et conservent leurs couleurs vives naturelles ainsi que leur texture craquante.

Pour 4 personnes

CALORIES PAR PORTION : 330 • MATIÈRES GRASSES PAR PORTION : 2,5 G

INGRÉDIENTS

225 g/ 8 onces de céleri-rave
2 carottes moyennes
2 poireaux moyens
1 petit poivron rouge
1 petit poivron jaune
2 gousses d'ail
1 cuil à café de graines de céleri

1 cuil. à soupe de jus de citron
300 g/ 10¹/₂ onces de spaghettis
feuilles de céleri, hachées, pour le décor

SAUCE CITRONNÉE :
1 cuil. à café de zeste de citron
   finement râpé

1 cuil. à soupe de jus de citron
4 cuil. à soupe de fromage blanc battu
   (yaourt non sucré) nature, à 0%
sel et poivre
2 cuil. à soupe de ciboulette fraîche
   ciselée

1 Épluchez le céleri-rave et les carottes, coupez-les en petits bâtonnets fins et mettez-les dans un saladier. Nettoyez les poireaux et coupez-les dans le sens de la longueur, rincez-les sous l'eau courante pour éliminer toute saleté qui pourrait rester entre les feuilles et coupez-les en fines lanières. Coupez les poivrons en deux, enlevez les pépins et coupez-les en lanières. Épluchez et émincez l'ail. Ajoutez tous les légumes au céleri-rave et aux carottes dans le saladier.

2 Remuez les légumes pour les enrober de graines de céleri et de jus de citron.

3 Faites bouillir de l'eau dans une grande casserole et faites cuire les spaghettis en suivant les instructions sur le paquet. Égouttez et gardez au chaud.

4 Pendant ce temps, faites bouillir de l'eau dans une autre grande casserole, mettez les légumes dans un cuit-vapeur ou un grand égouttoir et placez au-dessus de l'eau bouillante. Couvrez et faites cuire 6-7 minutes à l'étuvée ou jusqu'à ce que les légumes soient tout juste tendres.

5 Lorsque les spaghettis et les légumes sont cuits, mélangez les ingrédients pour la sauce citronnée.

6 Dressez les spaghettis et les légumes sur un plat chaud et incorporez la sauce. Décorez avec des feuilles de céleri hachées et servez.

Pâtes au pesto

Le pesto italien regorge normalement de matières grasses. Cette version est tout aussi parfumée, et bien meilleure pour la santé.

Pour 4 personnes

CALORIES PAR PORTION : 350 • MATIÈRES GRASSES PAR PORTION : 4,5 G

INGRÉDIENTS

225 g/ 8 onces de champignons, émincés
150 ml/ 5 oz liquides/ ³/₄ tasse de bouillon de légumes frais
175 g/ 6 onces d'asperges, nettoyées et coupées en morceaux de 5 cm/ 2 pouces
300 g/ 10¹/₂ onces de tagliatelles vertes et blanches

1 boîte de 400 g/ 14 onces de cœurs d'artichauts, égouttés et coupés en deux
Grissinis, pour servir

POUR LE DÉCOR :
feuilles de basilic, en fines lanières
copeaux de parmesan

PESTO :
2 gousses d'ail, écrasées
15 g/ ¹/₂ once de feuilles de basilic frais, lavées
6 cuil. à soupe de fromage blanc battu (yaourt non sucré) nature, à 0%
2 cuil. à soupe de parmesan fraîchement râpé
sel et poivre

1 Mettez les champignons émincés dans une casserole avec le bouillon. Portez à ébullition, couvrez et laissez cuire 3-4 minutes à feu doux jusqu'à ce que les champignons soient tendres. Égouttez-les et réservez. Gardez le liquide que vous pourrez utiliser dans des potages.

2 Faites bouillir de l'eau dans une petite casserole et faites cuire les asperges 3-4 minutes jusqu'à ce qu'elles soient tout juste tendres. Égouttez et réservez.

3 Faites bouillir de l'eau légèrement salée dans une grande casserole et faites cuire les tagliatelles en suivant les instructions sur le paquet. Égouttez-les, remettez-les dans la casserole et gardez-les au chaud.

4 Pendant ce temps, préparez le pesto. Mettez tous les ingrédients dans un mixeur ou un robot et mixez quelques secondes jusqu'à ce que le mélange soit homogène. Vous pouvez aussi hacher finement le basilic et mélangez tous les ingrédients ensemble.

5 Ajoutez les champignons, les asperges et les cœurs d'artichauts aux pâtes et laissez cuire 2-3 minutes sur feu doux, en remuant. Retirez du feu, mélangez avec le pesto et transférez dans un plat chaud. Décorez avec des feuilles de basilic en lanières et des copeaux de parmesan et servez avec des Grissinis.

Champignons farcis au riz

Les champignons à farcir sont fermes, et donc idéals à cuire au four. Ici, ils sont farcis avec des champignons des bois plus tendres, mais plus parfumés, bien que vous puissiez utiliser des variétés ordinaires.

Pour 4 personnes

CALORIES PAR PORTION : 315 • MATIÈRES GRASSES PAR PORTION : 6 G

INGRÉDIENTS

4 gros champignons à farcir
100 g/ 3¹/₂ onces de champignons
  sauvages mélangés
4 tomates séchées au soleil, en sachet,
  coupées en lanières
150 ml/ 5 oz liquides/ ²/₃ tasse de vin
  rouge sec

4 oignons primeurs, nettoyés et
  finement hachés
75 g/ 2³/₄ onces/ 1¹/₂ tasse de riz
  rouge cuit
sel et poivre
2 cuil. à soupe de parmesan
  fraîchement râpé

4 tranches épaisses de pain complet
  aux céréales
oignon primeur, coupé en lanières,
  pour le décor

1 Préchauffez le four à 190°C/ 375°F/ Thermostat 5. Épluchez les champignons à farcir, détachez les queues et réservez. Hachez finement les queues et mettez-les dans une casserole.

2 Ajoutez les champignons sauvages à la casserole, ainsi que les tomates et le vin rouge. Portez à ébullition, couvrez et laissez cuire 2-3 minutes à feu doux jusqu'à ce qu'ils soient tout juste tendres. Égouttez, en conservant le liquide de cuisson, et mettez dans un petit saladier.

3 Ajoutez les oignons primeurs hachés et le riz cuit en remuant délicatement. Assaisonnez et farcissez les champignons avec le mélange, en tassant légèrement. Parsemez de parmesan râpé.

4 Dressez les champignons dans un plat allant au four et versez tout autour le liquide de cuisson réservé. Faites cuire 20-25 minutes au four jusqu'à ce qu'ils soient tout juste cuits.

5 Pendant ce temps, préchauffez le gril sur chaud. Enlevez la croûte du pain et faites-le griller des deux côtés pour qu'il soit légèrement doré.

6 Égouttez les champignons et placez-en un sur chaque tranche de pain grillé. Décorez avec l'oignon primeur et servez.

Biryani avec oignons caramélisés

*Un assortiment de légumes cuits avec du riz tendre, parfumé et coloré par du curcuma
et autres épices indiennes chaleureuses, accompagné d'oignons caramélisés.*

Pour 4 personnes

CALORIES PAR PORTION : 365 • MATIÈRES GRASSES PAR PORTION : 4,5 G

INGRÉDIENTS

175 g/ 6 onces/ 1 tasse de ris basmati,
  rincé
60 g/ 2 onces/ $^1/_3$ tasse de lentilles
  rouges, rincées
1 feuille de laurier
6 capsules de cardamome, fendues
1 cuil. à café de curcuma en poudre
6 clous de girofle
1 cuil. à café de graines de cumin
1 bâton de cannelle, brisé

1 oignon, haché
225 g/ 8 onces de chou-fleur, en petits
  bouquets
1 grosse carotte, en dés
100 g/ 3$^1/_2$ onces de petits pois
  surgelés
60 g/ 2 onces de raisins de Smyrne
600 ml/ 1 pinte/ 2$^1/_2$ tasses de bouillon
  de légumes frais
sel et poivre

2 cuil. à soupe de coriandre fraîche
  hachée, pour le décor
naan (pain indien), pour servir

OIGNONS CARAMÉLISÉS :
2 cuil. à café d'huile végétale
1 oignon rouge moyen, émincé
1 oignon moyen, émincé
2 cuil. à café de sucre en poudre

1 Mettez le riz, les lentilles, la feuille de laurier, les épices, l'oignon, le chou-fleur, la carotte, les petits pois et les raisins dans une grande casserole. Salez et poivrez et mélangez bien.

2 Ajoutez le bouillon, portez à ébullition, couvrez et laissez cuire 15 minutes à feu doux, en remuant de temps en temps, jusqu'à ce que le riz soit cuit. Retirez du feu et laissez reposer, couvert, pendant 10 minutes pour que le riz absorbe le bouillon. Ôtez la feuille de laurier, les capsules de cardamome, les clous de girofle et le bâton de cannelle.

3 Pendant ce temps, préparez les oignons caramélisés. Chauffez l'huile dans une poêle et faites revenir les oignons 3-4 minutes sur feu moyen. Ajoutez le sucre en poudre, remontez la chaleur et laissez cuire encore 2-3 minutes, en remuant, jusqu'à ce que les oignons soient dorés.

4 Mélangez délicatement le riz et les légumes et dressez sur des assiettes chaudes. Décorez avec la coriandre hachée, disposez dessus les oignons caramélisés et servez avec des naans (pains indiens) nature chauds.

Crêpes chinoises aux légumes sautés et au tofu

Les crêpes chinoises sont réalisées pratiquement sans matières grasses –
elles se composent tout simplement de disques de pâte blanche.

Pour 4 personnes

CALORIES PAR PORTION : 215 • MATIÈRES GRASSES PAR PORTION : 8,5 G

INGRÉDIENTS

1 cuil. à soupe d'huile végétale
1 gousse d'ail, écrasée
1 morceau de gingembre frais de
   2,5 cm/ 1 pouce
1 botte d'oignons primeurs, nettoyés
   et coupés en longues lanières
100 g/ 3$^{1}/_{2}$ onces de mange-tout,
   équeutés et coupés en lanières
225 g/ 8 onces de tofu, égoutté et
   coupé en morceaux de 1 cm/
   $^{1}/_{2}$ pouce

2 cuil. à soupe de sauce de soja foncée,
   et un peu en plus pour servir
2 cuil. à soupe de sauce Hoisin, et un
   peu en plus pour servir
60 g/ 2 onces de pousses de bambou
   en boîte, égouttées
60 g/ 2 onces de châtaignes d'eau en
   boîte, égouttées et émincées
100 g/ 3$^{1}/_{2}$ onces de germes de soja
1 petit piment rouge, épépiné et coupé
   en fines lamelles

1 petit bouquet de ciboulette fraîche
12 crêpes chinoises

POUR SERVIR :
feuilles de chou chinois, coupées en
   lanières
1 concombre, coupé en rondelles
lanières de piment rouge

1 Chauffez l'huile dans un wok antiadhésif ou une grande poêle antiadhésive et faites sauter l'ail et le gingembre 1 minute.

2 Ajoutez les oignons primeurs, les mange-tout, le tofu, et les sauces (soja et Hoisin). Faites sauter 2 minutes.

3 Ajoutez les pousses de bambou, les châtaignes d'eau, les germes de soja et les lamelles de piment rouge à la poêle. Faites sauter encore 2 minutes jusqu'à ce que les légumes soient tout juste tendres et encore craquants. Ciselez la ciboulette en brins de 2,5 cm/ 1 pouce et incorporez-les au mélange dans la poêle.

4 Pendant ce temps, faites chauffer les crêpes en suivant les instructions sur le paquet et réservez au chaud.

5 Répartissez les légumes et le tofu entre les crêpes. Roulez les crêpes et servez avec des feuilles de chou chinois et de la sauce en plus pour accompagner.

Brochettes de légumes méditerranéens grillées

Cet assortiment de poivrons, courgettes, aubergines et oignons rouges peut se servir seul ou comme accompagnement original.

Pour 8 brochettes

CALORIES PAR PORTION : 65 • MATIÈRES GRASSES PAR PORTION : 2,5 G

INGRÉDIENTS

1 gros poivron rouge
1 gros poivron vert
1 gros poivron orange
1 grosse courgette
4 petites aubergines
2 oignons rouges moyens

2 cuil. à soupe de jus de citron
1 cuil. à soupe d'huile d'olive
1 gousse d'ail, écrasée
1 cuil. à soupe de romarin frais, haché
    ou 1 cuil. à café de romarin séché
sel et poivre

POUR SERVIR :
blé concassé
condiment à la tomate et aux olives

1 Coupez les poivrons en deux, épépinez-les et coupez-les en morceaux égaux de 2,5 cm/ 1 pouce de large environ. Nettoyez les courgettes, coupez-les en deux dans le sens de la longueur puis coupez-les en morceaux de 2,5 cm/ 1 pouce. Mettez les poivrons et les courgettes dans un grand saladier et réservez.

2 Équeutez les aubergines et coupez-les en quatre dans le sens de la longueur. Épluchez les oignons,

puis coupez chacun d'eux en 8 quartiers égaux. Ajoutez les aubergines et les oignons au saladier contenant les poivrons et les courgettes.

3 Dans un petit saladier, mélangez le jus de citron, l'huile d'olive, l'ail, le romarin, le sel et le poivre. Versez le mélange sur les légumes et remuez pour napper.

4 Préchauffez le gril sur moyen. Enfilez les légumes sur 8

brochettes. Disposez les brochettes sur le gril et laissez cuire 10-12 minutes, en tournant souvent, jusqu'à ce que les légumes soient légèrement grillés et tout juste tendres.

5 Égouttez les brochettes et servez sur un lit de blé concassé avec un condiment à la tomate et aux olives, au choix.

Légumes farcis aux arômes du Moyen-Orient

Vous pouvez farcir vos légumes préférés avec ce mélange de blé concassé, de tomates et de concombre au goût de noix et au parfum de cumin, de coriandre et de menthe.

Pour 4 personnes

CALORIES PAR PORTION : 330 • MATIÈRES GRASSES PAR PORTION : 5,5 G

INGRÉDIENTS

4 grosses tomates charnues
4 courgettes moyennes
2 poivrons orange
sel et poivre

POUR SERVIR :
pitas chauds et houmous allégé

FARCE :
225 g/ 8 onces/ 1¼ tasse de blé concassé
¼ de concombre
1 oignon rouge moyen
2 cuil. à soupe de jus de citron
2 cuil. à soupe de coriandre fraîche

2 cuil. à soupe de menthe fraîche hachée
1 cuil. à soupe d'huile d'olive
2 cuil. à café de graines de cumin

1 Préchauffez le four à 200°C/ 400°F/ Thermostat 6. Coupez un chapeau au sommet des tomates et réservez. Avec une cuillère, évidez les tomates, hachez la chair et mettez-la dans un saladier. Assaisonnez l'intérieur des tomates, puis retournez-les sur de l'essuie-tout.

2 Nettoyez les courgettes et faites dans chacune une entaille en V sur toute la longueur. Hachez finement la partie de courgette retirée et ajoutez à la tomate. Assaisonnez l'intérieur des courgettes évidées et réservez.

3 Coupez les poivrons en deux. En laissant les queues intactes, ôtez-en les pépins. Assaisonnez l'intérieur des poivrons et réservez.

4 Pour réaliser la farce, faites tremper le blé concassé en suivant les instructions sur le paquet. Hachez finement le concombre et ajoutez-le au mélange de tomates et de courgettes réservé.

5 Hachez finement l'oignon et ajoutez-le au mélange avec le jus de citron, les fines herbes, l'huile

d'olive, le cumin, le sel et le poivre et mélangez bien.

6 Lorsque le blé a trempé le temps voulu, mélangez-le avec les légumes et remplissez les tomates, les courgettes et les poivrons évidés avec cette farce. Remettez les chapeaux sur les tomates, puis mettez les légumes farcis dans un plat à rôtir. Laissez cuire 20-25 minutes jusqu'à ce qu'ils soient entièrement cuits. Égouttez et servez.

Risotto parfumé à l'asperge et à l'orange

*Le riz doux et onctueux se marie avec le subtil parfum d'agrume et d'anis
pour donner ce délicieux souper pour 4 ou une entrée consistante pour 6.*

Pour 4-6 personnes

CALORIES PAR PORTION : 420-280 • MATIÈRES GRASSES PAR PORTION : 7,5-5 G

INGRÉDIENTS

115 g/ 4 onces de pointes d'asperges fines, nettoyées

1,2 litres/ 2 pintes/ 5 tasses de bouillon de légumes

2 bulbes de fenouil

25 g/ 1 once de margarine allégée

1 cuil. à café d'huile d'olive

2 branches de céleri, nettoyées et hachées

2 poireaux moyens, nettoyés, en lanières

350 g/ 12 onces/ 2 tasses de riz arborio

3 oranges moyennes

sel et poivre

1 Faites bouillir de l'eau dans une petite casserole et faites cuire les asperges 1 minute. Égouttez et réservez.

2 Versez le bouillon dans une casserole et portez à ébullition. Réduisez la chaleur de manière à laisser mijoter délicatement.

3 Pendant ce temps, nettoyez le fenouil, en réservant les fanes, et coupez-le en fines lamelles. Faites soigneusement fondre la margarine allégée avec l'huile dans une grande casserole, en veillant à ce que l'eau contenue dans la margarine allégée

ne s'évapore pas, et faites revenir délicatement le fenouil, le céleri et les poireaux pendant 3-4 minutes. Ajoutez le riz et laissez cuire, en remuant, encore 2 minutes jusqu'à ce que le tout soit bien mélangé.

4 Ajoutez une louche de bouillon à la casserole et continuez la cuisson, en remuant, jusqu'à ce que le liquide soit absorbé. Continuez de mouiller le riz de bouillon louche par louche jusqu'à ce que le riz soit onctueux, épais et tendre. Ce processus demande environ 25 minutes et on ne doit pas l'accélérer.

5 Râpez finement le zeste d'une orange et pressez-en le jus, puis mélangez au riz. Épluchez soigneusement les autres oranges et enlevez la peau blanche. En tenant le fruit au-dessus de la casserole, coupez les quartiers d'orange et ajoutez au riz, avec le jus qui s'écoulera.

6 Mélangez les oranges au riz et ajoutez les asperges. Salez et poivrez. Décorez avec les fanes de fenouil réservées, et servez.

Potée de haricots épicés

Une potée consistante de haricots cuits dans une sauce tomate riche et sucrée parfumée à la mélasse et à la moutarde. Idéale servie avec du pain croustillant.

Pour 4 personnes

CALORIES PAR PORTION : 445 • MATIÈRES GRASSES PAR PORTION : 6 G

INGRÉDIENTS

350 g/ 12 onces/ 2 tasses de haricots noirs, trempés la nuit dans l'eau froide
1 cuil. à soupe d'huile végétale
2 oignons moyens, hachés
1 cuil. à soupe de miel liquide
2 cuil. à soupe de mélasse
4 cuil. à soupe de sauce de soja foncée

1 cuil. à café de moutarde en poudre
4 cuil. à soupe de concentré de tomates
450 ml/ 16 oz liquides/ 2 tasses de bouillon de légumes frais
1 feuille de laurier
1 brin de romarin, de thym et de sauge
1 petite orange
poivre

1 cuil. à soupe de Maïzena
2 poivrons rouges moyens, épépinés, en dés
2 cuil. à soupe de persil frais haché, pour le décor
pain croustillant, pour servir

1 Préchauffez le four à 150°C/ 300°F/ Thermostat 2. Rincez les haricots et mettez-les dans une casserole. Recouvrez-les d'eau, portez à ébullition et laissez bouillir à gros bouillons pendant 10 minutes. Égouttez et versez dans une cocotte allant au four.

2 Pendant ce temps, chauffez l'huile dans une poêle et faites revenir les oignons 5 minutes. Ajoutez le miel, la mélasse, la sauce de soja, la moutarde et le concentré de tomates. Versez le bouillon, portez à ébullition et versez sur les haricots.

3 Attachez la feuille de laurier et les fines herbes ensemble avec une ficelle propre et ajoutez à la casserole de haricots. Avec un couteau-éplucheur, coupez 3 morceaux d'écorce d'orange et mélangez aux haricots, puis poivrez abondamment. Couvrez et laissez cuire au four 1 heure.

4 Pressez Le jus de l'orange et utilisez-le pour délayer la Maïzena. Ajoutez aux haricots avec les poivrons rouges. Couvrez et laissez cuire 1 heure, jusqu'à ce que la sauce soit riche et épaisse et les haricots tendres. Retirez les fines herbes et la pelure d'orange et jetez.

5 Parsemez de persil haché et servez avec du pain croustillant.

Pizzas à la mexicaine

Des pâtes à pizza toutes prêtes sont recouvertes d'une sauce tomate au piment et garnies de haricots rouges, de fromage et de piments verts dans un mélange de cuisine américaine, italienne et mexicaine.

Pour 4 personnes

CALORIES PAR PORTION : 585 • MATIÈRES GRASSES PAR PORTION : 16 G

INGRÉDIENTS

4 fonds à pizza tous prêts
1 cuil. à soupe d'huile d'olive
1 boîte de 200 g/ 7 onces de tomates en morceaux avec ail et fines herbes
2 cuil. à soupe de concentré de tomates
1 boîte de 200 g/ 7 onces de haricots rouges, égouttés et rincés

115 g/ 4 onces de grains de maïs, dégelés s'ils sont surgelés
1-2 cuil. à café de sauce au piment
1 gros oignon rouge, en lanières
100 g/ 3$^1/_2$ onces de cheddar allégé, râpé
1 gros piment vert, coupé en anneaux

2 cuil. à soupe de coriandre fraîche, hachée
sel et poivre

1 Préchauffez le four à 220°C/ 425°F/ Thermostat 7. Disposez les fonds de pizza sur une plaque à pâtisserie et badigeonnez-les légèrement d'huile.

2 Dans un saladier, mélangez ensemble les tomates en morceaux, le concentré de tomates, les haricots rouges et les grains de maïs, et ajoutez de la sauce au piment à votre goût. Salez et poivrez.

3 Étalez le mélange de tomates et de haricots rouges de manière égale sur chaque pizza pour la recouvrir. Garnissez chaque pizza d'oignon, saupoudrez de fromage râpé et parsemez de quelques anneaux de piment vert à votre goût. Laissez cuire environ 20 minutes au four jusqu'à ce que les légumes soient tendres, que le fromage ait fondu et que la pâte soit croquante et dorée.

4 Dressez les pizzas sur des assiettes chaudes. Parsemez de coriandre hachée et servez immédiatement.

MON CONSEIL

Pour accompagner cette pizza d'une salade légère style mexicain, disposez des tranches de tomates, des feuilles de coriandre fraîche et quelques petites tranches d'avocat mûr. Arrosez le tout de jus de citron vert frais et saupoudrez de gros sel de mer. Les avocats sont plutôt riches en huile, et il est donc préférable de les consommer avec modération.

Tourte aux pâtes et à l'aubergine

Ce plat est sensationnel pour un dîner entre amis, et pourtant ses ingrédients sont simples et il est facile à réaliser.
Pour six personnes en plat principal ou huit s'il est servi en entrée.

Pour 6-8 personnes

CALORIES PAR PORTION : 290 - 215 • MATIÈRES GRASSES PAR PORTION : 7-5 G

INGRÉDIENTS

1 aubergine moyenne
300 g/ 10½ onces de pâtes tricolores
115 g/ 4 onces de fromage frais allégé
  avec ail et fines herbes

350 ml/ 12 oz liquides/ 1⅓ tasse de
  passata (tomates passées au tamis)
4 cuil. à soupe de parmesan râpé
1½ cuil. à café d'origan

2 cuil. à soupe de chapelure
sel et poivre

1 Préchauffez le four à 190°C/ 374°F/ Thermostat 5. Beurrez et garnissez un moule à gâteaux rond à charnière de 20,5 cm/ 8 pouces de diamètre.

2 Nettoyez l'aubergine et coupez-la dans le sens de la longueur en tranches d'environ 5 mm/ ¼ pouce d'épaisseur. Mettez-les dans un saladier, saupoudrez de sel et laissez reposer 30 minutes pour éliminer tout jus amer. Rincez bien à l'eau courante et égouttez.

3 Faites bouillir de l'eau dans une casserole et blanchissez les tranches d'aubergines 1 minute.

Égouttez et épongez avec de l'essuie-tout. Réservez.

4 Faites cuire les pâtes en suivant les instructions sur le paquet ; pour un résultat optimal, les pâtes doivent être à peine cuites. Égouttez-les bien et remettez-les dans la casserole. Ajoutez le fromage frais et laissez-le fondre sur les pâtes.

5 Ajoutez la passata, le parmesan, l'origan, le sel et le poivre et mélangez. Réservez.

6 Garnissez le fond et les côtés du moule d'aubergine, en faisant

chevaucher les tranches de manière à ce qu'il n'y ait aucun espace.

7 Versez la préparation à base de pâtes dans le moule en tassant bien, et saupoudrez de chapelure. Laissez cuire 20 minutes au four et laissez reposer 15 minutes.

8 Passez une lame de couteau tout le tour du moule pour dégager la tourte. Démoulez et servez chaud.

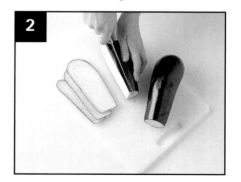

Cannellonis aux champignons

*Ces gros tubes de pâtes sont farcis avec un mélange de champignons hachés cuits
dans une sauce tomate parfumée. Servez avec du parmesan au choix.*

Pour 4 personnes

CALORIES PAR PORTION : 315 • MATIÈRES GRASSES PAR PORTION : 3,5 G

INGRÉDIENTS

350 g/ 120 onces de champignons,
  finement hachés
1 oignon moyen, finement haché
1 gousse d'ail, écrasée
1 cuil. à soupe de thym frais haché
½ cuil. à café de noix de muscade en
  poudre
4 cuil. à soupe de vin blanc

4 cuil. à soupe de mie de pain fraîche
12 cannellonis 'cuisson rapide'
sel et poivre
25 g/ 1 once de parmesan, pour le
  décor (facultatif)

SAUCE TOMATE :
1 gros poivron rouge

200 ml/ 7 oz liquides/ ¾ tasse de vin
  blanc sec
450 ml/ 16 oz liquides/ 2 tasses de
  passata (tomates pasées au tamis)
2 cuil. à soupe de concentré de tomates
2 feuilles de laurier
1 cuil. à café de sucre en poudre

1 Préchauffez le four à 200°C/
400°F/ Thermostat 6. Mettez les
champignons, l'oignon et l'ail dans une
casserole. Ajoutez le thym, la noix de
muscade et 4 cuil. à soupe de vin et
remuez. Portez à ébullition, couvrez et
laissez cuire 10 minutes à feu doux.

2 Liez le mélange avec la mie de
pain et assaisonnez. Laissez
refroidir 10 minutes.

3 Préchauffez le gril sur chaud.
Pour réaliser la sauce, coupez le

poivron en deux, retirez les pépins
et faites griller 8-10 minutes. Laissez
refroidir 10 minutes.

4 Une fois le poivron refroidi,
ôtez la peau grillée. Hachez la
chair et mettez-la dans un robot avec
le vin. Mixez jusqu'à ce que le
mélange soit fluide et versez dans
la casserole.

5 Mélangez le reste des ingrédients
de la sauce avec le poivron et le
vin et assaisonnez. Portez à ébullition

et laissez cuire 10 minutes à feu doux.
Ôtez les feuilles de laurier.

6 Nappez de sauce le fond d'un
plat allant au four. Remplissez
les cannellonis avec le mélange de
champignons et dressez-les dans le
plat. Versez dessus le reste de la sauce,
couvrez avec du papier d'aluminium
et laissez cuire au four 35-40 minutes.
Décorez de parmesan (au choix) et
servez.

Hamburgers au tofu et aux pois chiches

Parfumés aux épices, ces hamburgers sont délicieux servis avec un condiment au tahini.

Pour 4 personnes

CALORIES PAR PORTION : 280 • MATIÈRES GRASSES PAR PORTION : 9 G

INGRÉDIENTS

1 petit oignon rouge, finement haché
1 gousse d'ail, écrasée
1 cuil. à café de cumin en poudre
1 cuil. à café de coriandre en poudre
2 cuil. à soupe de jus de citron
1 boîte de 425 g/ 15 onces de pois
    chiches, égouttés et rincés
75 g/ 3 onces de tofu frais, égoutté
115 g/ 4 onces de pommes de terre
    cuites, en dés

4 cuil. à soupe de coriandre
    fraîchement hachée
2 cuil. à soupe de farine (facultatif)
75 g/ 2³/₄ onces de chapelure
    (pain complet)
1 cuil. à soupe d'huile végétale
pains ronds pour hamburgers
2 tomates moyennes, en tranches
1 grosse carotte, râpée
sel et poivre

CONDIMENT :
1 cuil. à café de concentré au sésame
    (tahini)
4 cuil. à soupe de fromage blanc battu
    (yaourt non sucré) nature, à 0%
1 morceau de concombre de 2,5 cm/
    1 pouce, finement haché
1 cuil. à soupe de coriandre fraîche,
    hachée
sel d'ail pour assaisonner

1 Mettez l'oignon, l'ail, les épices et le jus de citron dans une casserole. Portez à ébullition, couvrez et laissez cuire 5 minutes à feu doux jusqu'à ce que les légumes soient tendres.

2 Mettez les pois chiches, le tofu et les pommes de terre dans un saladier et écrasez bien. Ajoutez la préparation à l'oignon, la coriandre, sel et poivre, et mélangez le tout. Divisez en 4 portions égales et façonnez en

palets de 10 cm/ 4 pouces de diamètre, en vous frottant les mains dans la farine si nécessaire.

3 Saupoudrez la chapelure sur une assiette et passez les hamburgers dedans pour les recouvrir des deux côtés.

4 Chauffez l'huile dans une grande poêle antiadhésive et faites frire les hamburgers 5 minutes de chaque côté

jusqu'à ce qu'ils soient chauds et dorés. Égouttez sur de l'essuie-tout.

5 Pendant ce temps, mélangez tous les ingrédients du condiment ensemble dans un saladier et réfrigérez.

6 Garnissez les petits pains de tranches de tomate et de carotte râpée et posez un hamburger dessus. Servez avec le condiment que vous verserez dessus à la cuillère.

Palets à la patate douce et au poireau

Les patates douces ont une chair très dense et un parfum de terroir sucré délicieux.

Pour 4 personnes

CALORIES PAR PORTION : 385 • MATIÈRES GRASSES PAR PORTION : 6,5 G

INGRÉDIENTS

900 g/ 2 lb de patates douces
4 cuil. à café d'huile de tournesol
2 poireaux moyens, nettoyés et
　finement hachés
1 gousse d'ail, écrasée
1 morceau de gingembre frais de
　2,5 cm/ 1 pouce, finement râpé
1 boîte de 200 g/ 7 onces de grains
　de maïs, égouttés

2 cuil. à soupe de fromage blanc battu
　(yaourt non sucré) nature, à 0%
60 g/ 2 onces de farine complète
sel et poivre

SAUCE AU GINGEMBRE :
2 cuil. à soupe de vinaigre de vin blanc
2 cuil. à café de sucre en poudre
1 piment rouge, épépiné et haché

1 morceau de gingembre frais de 2,5 cm/
　1 pouce, coupé en fines lanières
2 cuil. à soupe de vin de gingembre
4 cuil. à soupe de bouillon de légumes
　frais
1 cuil. à café de Maïzena

POUR SERVIR :
feuilles de laitue
oignons primeurs

1 Épluchez les patates douces et
coupez-les en tranches de 2 cm/ ¾
pouce d'épaisseur. Mettez-les dans une
casserole, recouvrez-les d'eau et faites
bouillir 10-15 min. Égouttez-les bien
puis écrasez-les en purée. Laissez refroidir.

2 Chauffez 2 cuil. à café d'huile et
faites revenir les poireaux, l'ail
et le gingembre haché 2-3 minutes.

3 Ajoutez le mélange de poireaux
ainsi que le maïs, le sel, le poivre

et le fromage blanc (yaourt non sucré)
aux patates douces et remuez. Façonnez
8 palets et passez-les dans la farine pour
les en recouvrir des deux côtés.
Réfrigérez 30 minutes.

4 Préchauffez le gril sur moyen. Posez
les palets sur le gril et badigeonnez-
les légèrement d'huile. Faites cuire au gril
5 mn, puis retournez-les. Badigeonnez à
nouveau d'huile et faites griller encore
5 mn, jusqu'à ce qu'ils soient dorés.
Égouttez sur de l'essuie-tout.

5 Pour réaliser la sauce, mettez le
vinaigre, le sucre, le piment rouge
et le gingembre dans une casserole.
Portez à ébullition et laissez cuire
5 minutes à feu doux. Ajoutez le vin
de gingembre et remuez. Délayez la
Maïzena avec le bouillon et mélangez
à la sauce. Réchauffez, en remuant,
jusqu'à ce que la préparation épaississe.

6 Dressez les palets sur des assiettes
chaudes, versez la sauce dessus et
servez.

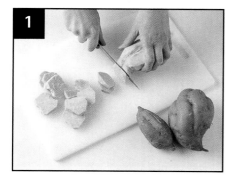

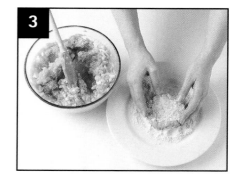

Ratatouille gratinée au gril

La ratatouille est une grande classique de la cuisine française – délicieux plat de légumes cuits dans une sauce tomate aux herbes. Ici elle est recouverte de pommes de terre et d'une croûte de fromage doré.

Pour 4 personnes

CALORIES PAR PORTION : 330 • MATIÈRES GRASSES PAR PORTION : 4 G

INGRÉDIENTS

2 oignons moyens
1 gousse d'ail
1 poivron rouge moyen
1 poivron vert moyen
1 aubergine moyenne

2 courgettes moyennes
2 boîtes de 400 g/ 14 onces de tomates
  en morceaux
1 bouquet garni
2 cuil. à soupe de concentré de tomates

900 g/ 2 lb de pommes de terre
75 g/ 2³/₄ onces de cheddar allégé, râpé
sel et poivre
2 cuil. à soupe de ciboulette fraîche
  ciselée, pour le décor

1 Épluchez les oignons et l'ail et hachez-les finement. Rincez, épépinez et coupez les poivrons en tranches. Rincez, nettoyez et coupez l'aubergine en petits dés. Rincez, nettoyez et coupez les courgettes en minces rondelles.

2 Mettez l'oignon, l'ail et les poivrons dans une grande casserole. Ajoutez les tomates puis le bouquet garni, le concentré de tomates en remuant, puis salez et poivrez. Portez à ébullition, couvrez et laissez cuire 10 minutes à feu doux en remuant une fois à mi-cuisson.

3 Ajoutez l'aubergine et les courgettes préparées, remuez et laissez cuire, à découvert, encore 10 minutes, en remuant de temps en temps.

4 Pendant ce temps, épluchez les pommes de terre et coupez-les en cubes de 2,5 cm/ 1 pouce. Mettez les pommes de terre dans une autre casserole et recouvrez-les d'eau. Portez à ébullition et laissez cuire 10-12 minutes jusqu'à ce qu'elles soient tendres. Égouttez et réservez.

5 Mettez les légumes dans un plat à gratin allant au four. Recouvrez d'une couche de cubes de pommes de terre cuites en répartissant de manière égale.

6 Préchauffez le gril sur moyen. Parsemez le fromage sur les pommes de terre et mettez sous le gril 5 minutes jusqu'à ce que le gratin soit doré et chaud. Servez décoré de ciboulette ciselée.

Salade de moules et poivrons rouges

Un mélange coloré et délicieux de moules cuites et de poivrons rouges grillés,
sur un lit de chicorée rouge et de roquette, avec une sauce au citron et à la ciboulette.

Pour 4 personnes

CALORIES PAR PORTION : 175 • MATIÈRES GRASSES PAR PORTION : 6 G

INGRÉDIENTS

2 gros poivrons rouges
350 g/ 12 onces de moules
  décortiquées cuites, décongelées si
  elles sont surgelées
1 tête de chicorée rouge
25 g/ 1 once de feuilles de roquette
8 moules de Nouvelle-Zélande cuites,
  dans leur coquille

POUR SERVIR :
quartiers de citron
pain croustillant

SAUCE DE SALADE :
1 cuil. à soupe d'huile d'olive
1 cuil. à soupe de jus de citron

1 cuil. à café de zeste de citron
  finement râpé
2 cuil. à café de miel liquide
1 cuil. à café de moutarde
1 cuil. à soupe de ciboulette ciselée
sel et poivre

1 Préchauffez le gril sur chaud.
Coupez les poivrons en deux et enlevez les pépins, puis posez-les sur le gril côté coupé sur la grille. Laissez cuire 8-10 minutes jusqu'à ce que la peau soit grillée et cloquée et la chair tendre. Laissez refroidir 10 minutes, puis enlevez la peau.

2 Coupez la chair du poivron rouge en fines lanières et mettez-les dans un saladier. Ajoutez les moules débarrassées de leur coquille en remuant délicatement et réservez.

3 Pour réaliser la sauce de salade, mélangez tous les ingrédients jusqu'à ce que la préparation soit bien homogène. Incorporez au mélange de moules et de poivrons.

4 Enlevez le cœur de la chicorée rouge et coupez les feuilles en lanières. Mettez dans un saladier avec les feuilles de roquette et mélangez le tout.

5 Versez le mélange de moules au milieu des feuilles et disposez les grosses moules tout le tour du plat.

Servez avec des quartiers de citron et du pain croustillant.

VARIANTE

Remplacez les moules retirées de leur coquille par des crevettes décortiquées et les moules de Nouvelle-Zélande par des grosses crevettes, si vous préférez. Vous pouvez utiliser du citron vert au lieu du citron pour un parfum différent.

Salade de poissons à l'aigre-doux

Ce mélange rafraîchissant de poissons à chair blanche et rose associé à l'ananas frais et aux poivrons constitue une entrée ou un repas léger qui sort de l'ordinaire.

Pour 4 personnes

CALORIES PAR PORTION : 190 • MATIÈRES GRASSES PAR PORTION : 7 G

INGRÉDIENTS

225 g/ 8 onces de filets de truite
225 g/ 8 onces de filets de poisson à chair blanche (aiglefin ou cabillaud)
300 ml/ ½ pinte/ 1¼ tasse d'eau
1 branche de lemon-grass
2 feuilles de citron vert
1 gros piment rouge
1 botte d'oignons primeurs, nettoyés et coupés en lanières

115 g/ 4 onces d'ananas frais, en dés
1 petit poivron rouge, épépiné, en dés
1 botte de cresson, lavé et nettoyé
ciboulette fraîche ciselée, pour le décor

SAUCE DE SALADE :
1 cuil. à soupe d'huile de tournesol
1 cuil. à soupe de vinaigre de saké
1 pincée de piment rouge en poudre

1 cuil. à café de miel liquide
sel et poivre

---

1 Rincez le poisson, mettez-le dans une poêle et arrosez avec l'eau. Cassez le lemon-grass en deux pour le meurtrir et ajoutez-le à la poêle avec les feuilles de citron vert. Piquez le piment rouge avec une fourchette et ajoutez-le à la poêle. Portez à ébullition et laissez cuire 7-8 minutes à feu doux. Laissez refroidir.

2 Égouttez les filets de poisson, émiettez la chair en ôtant la peau et mettez la chair dans un saladier. Incorporez les oignons primeurs, l'ananas et le poivron en remuant délicatement.

3 Dressez le cresson lavé sur 4 assiettes, disposez dessus le mélange de poisson et réservez.

4 Pour réaliser la sauce de salade, mélangez tous les ingrédients ensemble et assaisonnez. Versez sur le poisson et servez décoré de ciboulette.

VARIANTE

Cette recette réussit très bien aussi en remplaçant le poisson par 350 g/ 12 onces de chair de crabe blanche. Ajoutez un soupçon de tabasco si vous aimez ce qui est épicé.

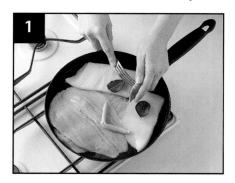

Salade de bœuf aux cacahuètes

Bien que les cacahuètes soient très riches en matières grasses, elles ont beaucoup de parfum, et il en faut donc peu.
Dressez les ingrédients séparément sur un plat pour un effet sensationnel.

Pour 4 personnes

CALORIES PAR PORTION : 320 • MATIÈRES GRASSES PAR PORTION : 14 G

INGRÉDIENTS

½ chou chinois
1 grosse carotte
115 g/ 4 onces de radis
100 g/ 3½ onces de mini épis de maïs
1 cuil. à soupe d'huile d'arachide
1 piment rouge, épépiné et finement haché
1 gousse d'ail, finement hachée

350 g/ 12 onces de bœuf maigre (filet, aloyau ou culotte), gras enlevé, finement émincé
1 cuil. à soupe de sauce de soja foncée
25 g/ 1 once de cacahuètes fraîches (facultatif)
piment rouge, en lanières, pour le décor

SAUCE DE SALADE :
1 cuil. à soupe de beurre de cacahuète lisse
1 cuil. à café de sucre en poudre
2 cuil. à soupe de sauce de soja claire
1 cuil. à soupe de vinaigre de xérès
sel et poivre

1 Coupez le chou chinois en fines lanières et dressez-le sur un grand plat rond. Épluchez les carottes et coupez-les en fins bâtonnets. Lavez et nettoyez les radis puis coupez-les en quatre, et coupez les mini épis de maïs en deux. Dressez ces ingrédients tout autour du plat et réservez.

2 Chauffez l'huile dans un wok antiadhésif ou une grande poêle antiadhésive et faites sauter le piment rouge, l'ail et le bœuf pendant 5 minutes. Ajoutez la sauce de soja foncée et faites sauter encore 1-2 minutes jusqu'à ce que les ingrédients soient tendres et entièrement cuits.

3 Pendant ce temps, faites la sauce de salade. Mettez tous les ingrédients dans un petit saladier et mélangez le tout jusqu'à ce que la sauce soit homogène.

4 Disposez le bœuf cuit chaud au centre des ingrédients sur le plat. Versez la sauce dessus et parsemez de cacahuètes, au choix. Décorez de lanières de piment rouge et servez immédiatement.

VARIANTE

Si vous préférez, vous pouvez utiliser du poulet, de la dinde, du porc maigre ou même du chevreuil émincé pour remplacer le bœuf. Ôtez tout le gras visible avant de commencer.

Salade de poulet et d'épinards

Simple association de poulet maigre et de jeunes feuilles d'épinard parsemés de quelques framboises,
le tout servi avec une sauce rafraîchissante au yaourt et au miel. Ce plat est parfait pour un déjeuner estival léger.

Pour 4 personnes

CALORIES PAR PORTION : 225 • MATIÈRES GRASSES PAR PORTION : 6 G

INGRÉDIENTS

4 blancs de poulet désossés, sans peau,
de 150 g/ 5^1/$_2$ onces chacun
450 ml/ 16 oz liquides/ 2 tasses de
bouillon de poulet frais
1 feuille de laurier
225 g/ 8 onces de jeunes feuilles
d'épinard

1 petit oignon rouge, en fines lamelles
115 g/ 4 onces de framboises fraîches
sel et poivre rose fraîchement moulu
croûtons frais grillés, pour le décor

SAUCE DE SALADE :
4 cuil. à soupe de yaourt nature (non
sucré) à 0%
1 cuil. à soupe de vinaigre de framboise
2 cuil. à café de miel liquide

1 Mettez les blancs de poulet dans une poêle. Arrosez avec le bouillon et ajoutez la feuille de laurier. Portez à ébullition, couvrez et laissez cuire 15-20 minutes à feu doux, en tournant en milieu de cuisson, jusqu'à ce que le poulet soit entièrement cuit. Laissez refroidir dans le liquide de cuisson.

2 Dressez l'épinard sur 4 assiettes et parsemez l'oignon dessus. Couvrez et réfrigérez.

3 Égouttez le poulet cuit et épongez-le avec de l'essuie-tout. Coupez les blancs en tranches fines et disposez-les en forme d'éventail sur le lit d'épinard et d'oignon. Parsemez de framboises.

4 Pour réaliser la sauce, mélangez tous les ingrédients ensemble dans un petit saladier. Arrosez chaque blanc de poulet de sauce avec une cuillère et assaisonnez de sel et de poivre rose moulu à votre goût. Servez avec des croûtons fraîchement grillés.

VARIANTE

Cette recette est délicieuse avec du poulet fumé, mais il est plus cher et plus riche en matières grasses, alors utilisez-en un peu moins. Servie en entrée lors d'un dîner entre amis, cette salade ne manquera pas d'impressionner vos convives.

Pâtes à la provençale

Ce mélange de légumes italiens nappés d'une sauce tomate et servis sur un lit de feuilles de salade mélangées constitue un plat savoureux ou un accompagnement appétissant.

Pour 4 personnes

CALORIES PAR PORTION : 295 • MATIÈRES GRASSES PAR PORTION : 6 G

INGRÉDIENTS

225 g/ 8 onces de pennes
1 cuil. à soupe d'huile d'olive
25 g/ 1 once d'olives noires dénoyautées, égouttées et hachées
25 g/ 1 once de tomates séchées au soleil, en sachet, trempées, égouttées et hachées
100 g/ 3¹/₂ onces d'un assortiment de jeunes feuilles de salade

1 boîte de 400 g/ 14 onces de cœurs d'artichauts, égouttés et coupés en deux
115 g/ 4 onces de petites courgettes, nettoyées et coupées en rondelles
115 g/ 4 onces de petites olivettes, coupées en deux
sel et poivre
feuilles de basilic en lanières, pour le décor

SAUCE DE SALADE :
4 cuil. à soupe de passata (tomates passées au tamis)
2 cuil. à soupe de fromage blanc battu (yaourt non sucré) nature, à 0%
1 cuil. à soupe de jus d'orange non sucré
1 petit bouquet de basilic frais, en lanières

1 Faites cuire les pennes en suivant les instructions sur le paquet. Ne faites pas trop cuire les pâtes – elles doivent rester croquantes. Égouttez-les bien et remettez-les dans la casserole. Ajoutez l'huile d'olive, le sel et le poivre, les olives et les tomates séchées et remuez. Laissez refroidir.

2 Incorporez délicatement aux pâtes les cœurs d'artichauts, les courgettes et les olivettes. Dressez les feuilles de salade dans un saladier.

3 Pour réaliser la sauce, mélangez tous les ingrédients ensemble et versez sur les légumes et les pâtes en remuant.

4 Versez le tout sur les feuilles de salade et décorez de feuilles de basilic en lanières.

VARIANTE

Pour une version non végétarienne, ajoutez 225 g/ 8 onces de thon au naturel, égoutté et émietté, aux pâtes avec les légumes. Vous pouvez choisir différentes formes de pâtes (farfalles, rotelles, etc…).

Salade de racines comestibles

Cette salade haute en couleurs composée de légumes râpés est idéale en entrée. Le parfum poivré des différents radis donne un goût piquant rafraîchissant. Servez avec du pain grillé et un assortiment de feuilles de salade.

Pour 4 personnes

CALORIES PAR PORTION : 150 • MATIÈRES GRASSES PAR PORTION : 9 G

INGRÉDIENTS

350 g/ 12 onces de carottes
225 g/ 8 onces de radis blancs
115 g/ 4 onces de radis
350 g/ 12 onces de céleri-rave
1 cuil. à soupe de jus d'orange
2 branches de céleri avec feuilles, lavé
et nettoyé

100 g/ 3½ onces d'un assortiment de
feuilles de salade
25 g/ 1 once de morceaux de noix

SAUCE DE SALADE :
1 cuil. à soupe d'huile de noix
1 cuil. à soupe de vinaigre de vin blanc

1 cuil. à soupe de moutarde gros grains
½ cuil. à café de zeste d'orange
finement râpé
1 cuil. à soupe de graines de céleri
sel et poivre

1 Épluchez les carottes, les radis blancs et les radis et râpez-les grossièrement ou bien coupez-les en fines lanières. Réservez dans des saladiers séparés.

2 Épluchez le céleri-rave et râpez-le grossièrement ou bien coupez-le en fines lanières et mélangez-le au jus d'orange.

3 Ôtez les feuilles du céleri et réservez. Hachez finement les branches de céleri.

4 Dressez les feuilles de salade sur 4 assiettes et disposez les légumes en petits tas dessus. Réservez pendant que vous faites la sauce.

5 Mélangez ensemble tous les ingrédients de la sauce et assaisonnez. Arrosez la salade avec un peu de sauce dans chaque assiette. Coupez les feuilles de céleri réservées en lanières et parsemez-les sur la salade avec les morceaux de noix.

MON CONSEIL

Aussi connu sous le nom de radis blanc chinois et daikon, le radis blanc ressemble à un gros panais blanc. Il est craquant, a une saveur piquante et se consomme cru ou cuit. Il relève bien les sautés. Le radis blanc frais a tendance à être plus parfumé que le radis blanc acheté en magasin.

Salade de riz, betteraves et oranges

Utilisez impérativement des betteraves fraîchement cuites pour ce mélange insolite de couleurs et de parfums. Des betteraves au vinaigre gâcheraient ce parfum délicat.

Pour 4 personnes

Calories par portion : 335 • Matières grasses par portion : 2,5 g

INGRÉDIENTS

225 g/ 8 onces/ 1¹⁄₃ tasse de riz longs
  grains et sauvage en mélange (voir
  Mon conseil ci-dessous)
4 grosses oranges
450 g/ 1 lb de betteraves cuites,
  épluchées
2 endives

sel et poivre
ciboulette fraîche ciselée, pour le décor

SAUCE DE SALADE :
4 cuil. à soupe de fromage blanc battu
  (yaourt non sucré) nature, à 0%
1 gousse d'ail, écrasée

1 cuil. à soupe de moutarde gros grains
¹⁄₂ cuil. à café de zeste d'orange
  finement râpé
2 cuil. à café de miel liquide

1 Faites cuire les riz en suivant les instructions sur le paquet. Égouttez et laissez refroidir.

2 Pendant ce temps, coupez le haut et le bas de chaque orange. Avec un couteau tranchant, épluchez l'orange et enlevez la peau blanche. En tenant l'orange au-dessus d'un saladier pour recueillir le jus, coupez soigneusement entre chaque quartier. Mettez les quartiers dans un autre saladier. Couvrez le jus et réfrigérez jusqu'au moment voulu.

3 Égouttez la betterave, si nécessaire, et coupez-la en dés. Ajoutez-la aux quartiers d'orange, couvrez et réfrigérez.

4 Lorsque le riz a refroidi, ajoutez-le au jus d'orange réservé, puis salez et poivrez.

5 Garnissez 4 assiettes de feuilles d'endives. Versez le riz dessus et recouvrez de betterave et de quartiers d'orange.

6 Mélangez ensemble tous les ingrédients de la sauce et versez

sur la salade, ou servez séparément dans un bol, si vous préférez. Décorez avec la ciboulette fraîche ciselée.

MON CONSEIL

Essayez de trouver des paquets de riz mélangé tout prêt. Sinon, faites cuire 175 g/ 6 onces/ 1 tasse de riz blanc et 60 g/ 2 onces/ ¹⁄₄ tasse de riz sauvage séparément.

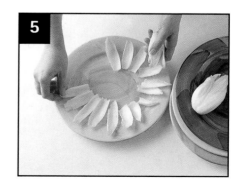

Salade de chou rouge composée

Cette salade est aussi épicée que rouge – à vous de voir quelle quantité de piment en poudre utiliser.
Cette salade accompagne aussi très bien des pommes de terre en robe des champs.

Pour 4 personnes

CALORIES PAR PORTION : 200 • MATIÈRES GRASSES PAR PORTION : 8,5 G

INGRÉDIENTS

¹/₂ chou rouge
1 grosse carotte
2 pommes rouges
1 cuil. à soupe de jus de citron
1 oignon rouge moyen
100 g/ 3¹/₂ onces de cheddar allégé, râpé

POUR LE DÉCOR :
lanières de piment rouge
lanières de carotte

SAUCE DE SALADE :
3 cuil. à soupe de mayonnaise allégée
3 cuil. à soupe de yaourt nature (non sucré) à 0%

1 gousse d'ail, écrasée
1 cuil. à café de paprika
1-2 cuil. à café de piment rouge en poudre
1 pincée de poivre de Cayenne (facultatif)
sel et poivre

1 Coupez le chou rouge en deux et enlevez le cœur. Coupez les feuilles en fines lanières et mettez-les dans un grand saladier. Épluchez la carotte et râpez-la grossièrement ou coupez-la en fines lanières et mélangez-la au chou.

2 Retirez le cœur des pommes et coupez-les en petits dés, en laissant la peau. Mettez-les dans un autre saladier et arrosez-les de jus de citron pour les empêcher de noircir. Mélangez les pommes au chou et à la carotte.

3 Épluchez l'oignon et coupez-le en fines lamelles ou râpez-le. Ajoutez-le aux autres légumes avec le fromage et mélangez.

4 Pour réaliser la sauce, mélangez la mayonnaise, le yaourt, l'ail et le paprika dans un petit saladier. Ajoutez le piment en poudre à votre goût, et le poivre de Cayenne si vous en mettez – n'oubliez pas que ceci va davantage épicer la sauce. Assaisonnez.

5 Arrosez les légumes avec la sauce et mélangez bien. Couvrez et réfrigérez 1 heure pour laisser les parfums se dégager. Servez décoré de lanières de piment rouge et de carotte.

Salade niçoise aux pâtes

Dans cette salade basée sur la recette française traditionnelle, les pâtes remplacent les pommes de terre.
La sauce très légère à l'huile d'olive a le piquant des câpres et le parfum du basilic frais.

Pour 4 personnes

CALORIES PAR PORTION : 370 • MATIÈRES GRASSES PAR PORTION : 9 G

INGRÉDIENTS

225 g/ 8 onces de farfalles
175 g/ 6 onces de haricots verts,
   équeutés
350 g/ 12 onces de darnes de thon frais
115 g/ 4 onces de petites olivettes,
   coupées en deux
8 anchois, égouttés sur de l'essuie-tout
2 cuil. à soupe de câpres en saumure,
   égouttés

25 g/ 1 once d'olives noires
   dénoyautées en saumure, égouttées
feuilles de basilic frais, pour le décor
sel et poivre

SAUCE DE SALADE :
1 cuil. à soupe d'huile d'olive
1 gousse d'ail, écrasée
1 cuil. à soupe de jus de citron

$\frac{1}{2}$ cuil. à café de zeste de citron
   finement râpé
1 cuil. à soupe de feuilles de basilic
   frais coupées en lanières

1 Faites cuire les pâtes dans de l'eau bouillante légèrement salée en suivant les instructions sur le paquet, jusqu'à ce qu'elles soient tout juste cuites. Égouttez-les bien et réservez au chaud.

2 Faites bouillir de l'eau légèrement salée dans une petite casserole et faites cuire les haricots verts 5-6 minutes, jusqu'à ce qu'ils soient tout juste tendres. Égouttez bien et mélangez aux pâtes. Réservez au chaud.

3 Préchauffez le gril sur moyen. Rincez et épongez les darnes de thon dans de l'essuie-tout. Assaisonnez-les de poivre noir des deux côtés. Mettez les darnes sur le gril et faites-les griller 4-5 minutes de chaque côté, jusqu'à ce qu'elles soient entièrement cuites.

4 Égouttez le thon sur de l'essuie-tout et coupez-le en morceaux de la taille d'une bouchée. Incorporez le thon aux pâtes avec les tomates, les

anchois, les câpres et les olives. Réservez au chaud.

5 Pendant ce temps, préparez la sauce. Mélangez tous les ingrédients ensemble et assaisonnez. Versez la sauce sur la salade et incorporez soigneusement. Dressez la salade dans un saladier chaud, parsemez de feuilles de basilic frais et servez.

Salade de couscous à la noix de coco

*Le goût de noisette de la noix de coco grillée ressort vraiment dans ce plat délicieux,
qui peut aussi être servi chaud, sans la sauce, pour accompagner un ragoût d'agneau.*

Pour 4 personnes

CALORIES PAR PORTION : 270 • MATIÈRES GRASSES PAR PORTION : 10 G

INGRÉDIENTS

350 g/ 12 onces de couscous précuit

175 g/ 6 onces d'abricots secs prêts à l'emploi

1 petit bouquet de ciboulette fraîche

2 cuil. à soupe de noix de coco séchée non sucrée

1 cuil. à café de cannelle en poudre

sel et poivre

feuilles de menthe, pour le décor

SAUCE DE SALADE :

1 cuil. à soupe d'huile d'olive

2 cuil. à soupe de jus d'orange non sucré

½ cuil. à café de zeste d'orange finement râpé

1 cuil. à café de moutarde gros grains

1 cuil. à café de miel liquide

2 cuil. à soupe de feuilles de menthe fraîche, hachées

---

1 Faites tremper le couscous en suivant les instructions sur le paquet. Faites bouillir de l'eau dans une grande casserole. Mettez le couscous dans un cuit-vapeur ou un grand égouttoir recouvert de mousseline et placez-le au-dessus de l'eau bouillante. Couvrez et faites cuire à l'étuvée comme il est indiqué. Retirez du feu, mettez dans un saladier résistant à la chaleur et laissez refroidir.

2 Pendant ce temps, coupez les abricots en fines lamelles et mettez-les dans un petit saladier.

Ciselez la ciboulette sur les abricots.

3 Lorsque le couscous est froid, ajoutez les abricots, la ciboulette, la noix de coco et la cannelle, puis remuez. Assaisonnez.

4 Pour réaliser la sauce, mélangez tous les ingrédients ensemble et assaisonnez. Versez sur le couscous et mélangez pour bien incorporer. Couvrez et réfrigérez 1 heure pour que les parfums se dégagent. Décorez avec les feuilles de menthe et servez.

MON CONSEIL

Pour servir ce plat chaud, une fois le couscous cuit à l'étuvée, mélangez les abricots, la ciboulette, la noix de coco, la cannelle, le sel et le poivre et 1 cuil. à soupe d'huile d'olive. Versez dans un saladier chaud et servez.

Pâtisseries & Desserts

Les fruits frais accompagnés de yaourt ou de fromage blanc battu à 0% sont idéals pour terminer un repas. Ils ne contiennent pas de matières grasses et contiennent suffisamment de sucre pour ne pas avoir à en rajouter. Ils sont d'autre part une source précieuse de vitamines et de fibres – idéals à tous les points de vue pour ceux qui tiennent à leur santé et à celle des leurs.

Il y a, néanmoins, des dizaines de manières d'utiliser les fruits dans les desserts et les pâtisseries, et grâce aux moyens de transport modernes, la gamme de fruits originaux et exotiques qu'offrent les supermarchés semble s'élargir de semaine en semaine. Goûtez certains de ces fruits moins connus dans des desserts chauds délicieux, des mousses raffinées et des gâteaux savoureux, et utilisez les grands classiques dans de nouvelles recettes alléchantes.

Depuis une élégante Roulade à la fraise pour terminer en beauté un dîner entre amis jusqu'à un délicieux Cake moelleux à la carotte et au gingembre à offrir à l'improviste, vous trouverez dans les pages suivantes la parfaite recette pour toutes les occasions.

Tartelettes ultrafines aux fruits

Ces fonds de tartelettes ultrafins, garnis de lamelles de pomme et de poire et nappés d'un glaçage à l'abricot sont délicieux servis avec une crème anglaise allégée ou du yaourt aux fruits à 0%.

Pour 4 personnes

CALORIES PAR PORTION : 185 • MATIÈRES GRASSES PAR PORTION : 7,5 G

INGRÉDIENTS

1 pomme à croquer moyenne
1 poire mûre moyenne
2 cuil. à soupe de jus de citron
60 g/ 2 onces de margarine allégée
4 feuilles de filo rectangulaires,
  décongelées si elles sont surgelées

2 cuil. à soupe de confiture d'abricots
  allégée en sucre
1 cuil. à soupe de jus d'orange non
  sucré
1 cuil. à soupe de pistaches nature,
  décortiquées, finement hachées

2 cuil. à café de sucre glace, pour
  saupoudrer
crème anglaise allégée, pour servir

1 Préchauffez le four à 200°C/ 400°F/ Thermostat 6. Retirez le cœur de la pomme et de la poire, puis coupez les fruits en fines lamelles, et nappez-les de jus de citron.

2 À feu doux, faites fondre la margarine allégée.

3 Coupez les feuilles de filo en 4 et recouvrez d'un torchon de vaisselle propre et humide. Beurrez au pinceau 4 plaques à muffins, de 10 cm/ 4 pouces de diamètre, avec un peu de margarine.

4 Faites les tartelettes une par une. Badigeonnez de margarine 4 feuilles de filo. Garnissez le fond d'un moule d'une petite feuille de filo et disposez les autres feuilles dessus à un angle légèrement différent. Procédez de la même manière pour les 3 autres moules.

5 Disposez les lamelles de pomme et de poire en les alternant sur chaque fond de tarte et plissez légèrement le bord de la pâte.

6 Mélangez la confiture et le jus d'orange pour obtenir une

préparation homogène et nappez-en les fruits. Faites cuire au four 12-15 minutes. Parsemez de pistaches et saupoudrez légèrement de sucre glace puis servez chaud avec de la crème anglaise allégée.

VARIANTE

D'autres mélanges de fruits sont tout aussi délicieux. Essayez pêche et abricot, framboise et pomme, ou ananas et mangue.

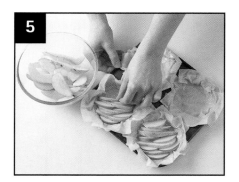

Puddings diplomates aux amandes

Certains biscuits Amaretti sont faits avec des amandes pilées riches en matières grasses.
Pour cette recette, utilisez les biscuits faits aux amandes d'abricot, qui contiennent moins de matières grasses.

Pour 4 personnes

CALORIES PAR PORTION : 230 • MATIÈRES GRASSES PAR PORTION : 3,5 G

INGRÉDIENTS

8 biscuits Amaretti di Saronno

4 cuil. à soupe de cognac ou de liqueur d'Amaretti

225 g/ 8 onces de framboises, décongelées si elles sont surgelées

300 ml/ ½ pinte/ 1¼ tasse de crème anglaise allégée

300 ml/ ½ pinte/ 1¼ tasse de fromage blanc battu (yaourt non sucré) nature, à 0%

1 cuil. à café d'extrait d'amande

15 g/ ½ onces d'amandes grillées, effilées

1 cuil. à café de poudre de cacao

---

1 Mettez les biscuits dans un saladier et avec un rouleau à pâtisserie, écrasez-les soigneusement en petits morceaux.

2 Répartissez les biscuits écrasés à parts égales entre 4 coupelles. Arrosez de cognac ou de liqueur et laissez reposer 30 minutes pour que les biscuits ramollissent.

3 Recouvrez la couche de biscuits d'une couche de framboises en réservant quelques framboises pour le décor et versez dessus assez de crème anglaise pour tout juste recouvrir.

4 Mélangez le fromage blanc (yaourt non sucré) et l'extrait d'amandes et versez sur la crème anglaise. Réfrigérez environ 30 minutes.

5 Juste avant de servir, parsemez d'amandes grillées et saupoudrez de cacao. Décorez avec les framboises réservées et servez immédiatement.

VARIANTE

Essayez ce pudding avec des fruits rouges mélangés. S'ils sont surgelés, utilisez-les gelés et laissez-les dégeler de telle sorte que le jus soit absorbé par le biscuit – ce sera délicieux.

Petits cœurs de fromage au coulis de fraises

*Ces petits flans sont particulièrement attrayants si vous les réalisez dans des moules en porcelaine
pour cœurs à la crème, mais ils peuvent se réaliser dans des petits ramequins.*

Pour 4 personnes

CALORIES PAR PORTION : 120 • MATIÈRES GRASSES PAR PORTION : 0,6 G

INGRÉDIENTS

150 g/ 5¹/₂ onces de fromage frais
 granulé allégé
150 ml/ 5 oz liquides/ ²/₃ tasse de
 fromage blanc battu (yaourt non
 sucré) nature, à 0%

1 blanc d'œuf moyen
2 cuil. à soupe de sucre en poudre
1-2 cuil. à café d'extrait de vanille
feuilles de géranium parfumées à la
 rose, pour le décor

SAUCE :
225 g/ 8 onces de fraises
4 cuil. à soupe de jus d'orange non
 sucré
2-3 cuil. à café de sucre glace

1 Garnissez 4 moules en forme
de cœur de mousseline propre.
Posez une passoire sur un saladier et
avec le dos d'une cuillère en métal,
écrasez le fromage frais granulé pour
qu'il passe à travers. Ajoutez le
fromage blanc (yaourt) et mélangez.

2 Battez le blanc d'œuf en neige.
Incorporez-le aux fromages
avec le sucre en poudre et l'extrait
de vanille.

3 Versez la préparation au fromage
dans les moules et lissez la
surface. Posez sur une grille sur un plat
à rôtir et réfrigérez 1 heure, jusqu'à ce

que le mélange soit ferme et bien
égoutté.

4 Pendant ce temps, faites le coulis.
Lavez les fraises sous l'eau
courante. Ayant réservé quelques fraises
pour le décor, équeutez et hachez le
reste. Mettez les fraises dans un mixeur
ou un robot et mixez pour obtenir une
préparation homogène. Vous pouvez
aussi passer les fraises pour obtenir une
purée. Mélangez avec le sucre glace à
votre goût. Couvrez et réfrigérez
jusqu'au moment de servir.

5 Démoulez les cœurs de fromage
dans des assiettes. Ôtez la

mousseline, décorez avec les fraises et
les feuilles de géranium et servez avec
le coulis.

MON CONSEIL

*Les moules pour les cœurs à la crème
ont des trous au fond, et par
conséquent si vous utilisez des
ramequins ou d'autres petits moules,
les cœurs seront beaucoup plus mous.*

Cheesecakes aux amandes et aux raisins secs

*Ces desserts veloutés au fromage sont si délicieux qu'ils auront tôt fait de s'inscrire
parmi vos desserts préférés – et il est difficile de croire qu'ils sont pauvres en matières grasses.*

Pour 4 personnes

CALORIES PAR PORTION : 315 • MATIÈRES GRASSES PAR PORTION : 16 G

INGRÉDIENTS

12 biscuits Amaretti di Saronno
1 blanc d'œuf moyen, légèrement battu
225 g/ 8 onces de fromage frais au lait écrémé
½ cuil. à café d'extrait d'amande

½ cuil. à café de zeste de citron vert finement râpé
25 g/ 1 once d'amandes pilées
25 g/ 1 once de sucre en poudre
60 g/ 2 onces de raisins de Smyrne
2 cuil. à café de gélatine en poudre

2 cuil. à soupe d'eau bouillante
2 cuil. à soupe de jus de citron vert

POUR LE DÉCOR :
25 g/ 1 once d'amandes grillées effilées
tranches de citron vert

1 Préchauffez le four à 180°C/ 350°F/ Thermostat 4. Mettez les biscuits dans un sac en plastique propre, fermez le sac et avec un rouleau à pâtisserie, écrasez-les en petits morceaux. Mettez les miettes dans un saladier et liez avec le blanc d'œuf.

2 Disposez 4 ronds à pâtisserie, de 9 cm/ 3½ pouces de diamètre, sur une plaque à pâtisserie, et garnissez-les de papier sulfurisé. Répartissez la préparation à part égale dans les 4 ronds, en tassant bien. Faites cuire 10 minutes au four, jusqu'à ce que le

biscuit soit craquant et laissez refroidir dans les ronds.

3 Battez ensemble le fromage frais, l'extrait d'amande, le sucre et les raisins de Smyrne jusqu'à ce qu'ils soient bien mélangés.

4 Faites dissoudre la gélatine dans l'eau bouillante et ajoutez le jus de citron vert. Incorporez dans la préparation au fromage et versez sur le biscuit. Lissez la surface et réfrigérez 1 heure ou jusqu'à ce que la préparation soit prise.

5 Passez une lame de couteau ou une spatule tout le tour des ronds pour dégager les cheesecakes et dressez-les sur des assiettes. Décorez avec des amandes grillées effilées et des rondelles de citron vert et servez.

VARIANTE

Si vous préférez, vous pouvez remplacer les raisins de Smyrne par des abricots secs prêts à l'emploi hachés.

Fruits rouges sauce moussante

*Un mélange coloré de fruits rouges, servi avec une sauce moussante aux marshmallows –
dessert idéal lorsque ces fruits sont en pleine saison.*

Pour 4 personnes

CALORIES PAR PORTION : 220   •   MATIÈRES GRASSES PAR PORTION : 0,3 G

INGRÉDIENTS

225 g/ 8 onces de groseilles, lavées,
nettoyés, décongelées si elles sont
surgelées
225 g/ 8 onces de canneberges
75 g/ 3 onces de sucre de canne
complet clair

200 ml/ 7 oz liquides/ ³/₄ tasse de jus
de pomme non sucré
1 bâton de cannelle, brisé
300 g/ 10¹/₂ onces de petites fraises,
lavées, équeutées et coupées en deux

SAUCE :
225 g/ 8 onces de framboises,
décongelées si elles sont surgelées
2 cuil. à soupe de sirop aux fruits
100 g/ 3¹/₂ onces de marshmallows

1 Mettez les groseilles, les
canneberges et le sucre dans une
casserole. Versez le jus de pomme et
ajoutez le bâton de cannelle. Portez le
mélange à ébullition et laissez cuire 10
minutes à feu doux, jusqu'à ce que les
fruits soient tout juste ramollis.

2 Ajoutez les fraises au mélange de
canneberges et de sucre et
mélangez bien. Versez la préparation dans
un saladier, couvrez et réfrigérez environ
1 heure. Ôtez le bâton de cannelle.

3 Juste avant de servir, faites la
sauce. Mettez les framboises et

le sirop aux fruits dans une petite
casserole, portez à ébullition et laissez
cuire 2-3 minutes à feu doux, jusqu'à
que les framboises commencent à
ramollir. Ajoutez les marshmallows à
la préparation et chauffez, en remuant,
jusqu'à ce que les marshmallows
commencent à fondre.

4 Versez la salade de fruits dans
des coupelles. Arrosez de sauce
à la framboise et aux marshmallows
et servez.

VARIANTE

*Cette sauce est délicieuse sur
de la glace allégée. Pour une sauce
encore plus colorée, remplacez les
framboises par un mélange
de fruits d'été.*

Glace au pain complet

Bien qu'elle semble insolite, cette glace à base de yaourt est délicieuse.
Elle ne contient pas de crème et est idéale pour un régime pauvre en matières grasses.

Pour 4 personnes

CALORIES PAR PORTION : 265 • MATIÈRES GRASSES PAR PORTION : 6 G

INGRÉDIENTS

175 g/ 6 onces de miettes de pain
   complet
25 g/ 1 once de noix finement hachées
60 g/ 2 onces de sucre en poudre
½ cuil. à café de noix de muscade en
   poudre

1 cuil. à café de zeste d'orange
   finement râpé
450 ml/ 16 oz liquides/ 2 tasses de
   yaourt nature (non sucré) à 0%
2 gros blancs d'œufs

POUR LE DÉCOR :
cerneaux de noix
tranches d'orange
menthe fraîche

1 Préchauffez le gril sur moyen. Mélangez la mie de pain, les noix et le sucre ensemble et étalez le mélange sur une feuille de papier d'aluminium sur le gril. Faites cuire au gril 5 minutes, en remuant fréquemment, jusqu'à ce que le mélange de mie de pain soit croquant et doré. (Veillez à ce que le sucre ne brûle pas). Retirez du feu et laissez refroidir.

2 Une fois le mélange froid, mettez-le dans un saladier et ajoutez la noix de muscade, le zeste d'orange et le yaourt. Dans un autre saladier, battez les blancs d'œufs en neige. Incorporez les blancs délicatement dans la préparation contenant la mie de pain avec une cuillère en métal.

3 Versez la préparation dans 4 mini-bols, lissez la surface et congelez 1½ -2 heures, jusqu'à ce que la glace soit ferme.

4 Pour servir, tenez le fond des bols dans l'eau chaude pendant quelques secondes, puis retournez-les sur des assiettes. Servez immédiatement, décoré avec un cerneau de noix, une tranche d'orange et de la menthe fraîche.

MON CONSEIL

Si vous n'avez pas de mini-bols, utilisez des ramequins ou des tasses à thé ou, si vous préférez, prenez un grand saladier. Vous pouvez aussi verser la préparation dans un grand récipient à congélation et servir la glace en boules.

Pots de mousse au chocolat

Ces desserts extra-légers sont parfaits pour satisfaire une envie de chocolat.
Ils sont délicieux servis seuls ou avec une sélection de fruits frais.

Pour 4 personnes

CALORIES PAR PORTION : 170   •   MATIÈRES GRASSES PAR PORTION : 3 G

INGRÉDIENTS

300 ml/ ½ pinte/ 1¼ tasse de fromage
  blanc battu (yaourt non sucré)
  nature, à 0%
150 ml/ 5 oz liquides/ ²⁄₃ tasse de
  yaourt (non sucré) nature, à 0%
25 g/ 1 once de sucre glace

4 cuil. à café de chocolat en poudre
  (cacao instantané) dégraissé
4 cuil. à café de poudre de cacao
1 cuil. à café d'extrait de vanille
2 cuil. à soupe de rhum (facultatif)
2 blancs d'œufs moyens
4 décorations au chocolat

POUR SERVIR :
morceaux de kiwi, d'orange et de
  banane
fraises et framboises

1 Mélangez le fromage blanc (yaourt non sucré) et le yaourt à 0% dans un saladier. Tamisez le sucre, le chocolat en poudre et le cacao et mélangez bien. Ajoutez l'extrait de vanille et le rhum (facultatif).

2 Dans un autre saladier, battez les blancs en neige. Avec une cuillère en métal, incorporez les blancs en neige au mélange de fromage blanc (yaourt non sucré) et de chocolat.

3 Versez le mélange de fromage blanc battu (yaourt non sucré) et de chocolat dans 4 petits pots à dessert en porcelaine et réfrigérez environ 30 minutes. Décorez chaque pot de mousse avec une décoration en chocolat.

4 Servez chaque pot de mousse avec un assortiment de fruits frais : morceaux de kiwi, d'orange et de banane, par exemple, et quelques fraises et framboises entières.

VARIANTE

Cette mousse au chocolat ferait une excellente garniture pour un cheesecake. Faites le biscuit avec des Amaretti di Saronno et des blancs d'œufs, et liez la garniture avec 2 cuil. à café de gélatine dissoute dans 2 cuil. à soupe d'eau bouillante. Veillez à utiliser des biscuits réalisés à partir d'amandes d'abricots, qui ne contiennent pratiquement pas de matières grasses.

Meringue aux agrumes

Un excellent moyen d'utiliser des restes de meringue. Ce dessert est simple à préparer,
tout en étant savoureux. Servez avec une cuillerée de coulis de fruit acide.

Pour 4 personnes

CALORIES PAR PORTION : 195 • MATIÈRES GRASSES PAR PORTION : 0,6 G

INGRÉDIENTS

8 meringues individuelles toutes prêtes
300 ml/ ½ pinte/ 1¼ tasse de yaourt
    (non sucré) nature
½ cuil. à café de zeste d'orange
    finement râpé
½ cuil. à café de zeste de citron
    finement râpé
½ cuil. à café de zeste de citron vert
    finement râpé

2 cuil. à soupe de liqueur d'orange ou
    de jus d'orange non sucré

POUR LE DÉCOR :
rondelles de kumquats
zeste de citron vert, râpé

SAUCE :
60 g/ 2 onces de kumquats

8 cuil. à soupe de jus d'orange non
    sucré
2 cuil. à soupe de jus de citron
2 cuil. à soupe de jus de citron vert
2 cuil. à soupe d'eau
2-3 cuil. à café de sucre en poudre
1 cuil. à café de Maïzena délayée avec
    1 cuil. à soupe d'eau

1 Mettez les meringues dans un sac en plastique propre, fermez le sac et avec un rouleau à pâtisserie, écrasez les meringues en petits morceaux. Mettez les meringues écrasées dans un saladier.

2 Ajoutez le yaourt, les zestes d'agrumes râpés et la liqueur ou le jus d'orange à la meringue écrasée. Versez la préparation dans 4 mini-bols, lissez-en la surface et congelez 1½ -2 heures jusqu'à ce que la préparation soit ferme.

3 Pendant ce temps, faites la sauce. Coupez les kumquats en fines rondelles et mettez-les dans une petite casserole avec les jus de fruit et l'eau. Portez délicatement à ébullition puis laissez frémir 3-4 minutes à feu doux, jusqu'à ce que les kumquats soient tout juste ramollis.

4 Sucrez à votre goût, ajoutez la Maïzena délayée et laissez cuire, en remuant, jusqu'à ce que la sauce épaississe. Versez dans un petit saladier, couvrez avec du film alimentaire et

laissez refroidir – le film empêchera qu'une peau ne se forme. Réfrigérez jusqu'au moment de servir.

5 Pour servir, trempez les mini-bols dans l'eau chaude pendant 5 secondes ou jusqu'à ce que la meringue se dégage des bords, puis démoulez sur une assiette. Versez un peu de sauce dessus, décorez avec les rondelles de kumquats et le zeste de citron vert et servez immédiatement.

Mousse tropicale

Les mousses de fruits sont toujours appréciées, et cette version acidulée ne fait pas exception.
Utilisez vos fruits préférés au choix.

Pour 4 personnes

CALORIES PAR PORTION : 170 • MATIÈRES GRASSES PAR PORTION : 0,6 G

INGRÉDIENTS

1 mangue mûre moyenne
2 kiwis
1 banane moyenne
2 cuil. à soupe de jus de citron vert

½ cuil. à café de zeste de citron vert finement râpé, et un peu en plus pour le décor
2 blancs d'œufs moyens

1 boîte de 425 g/ 15 onces de crème anglaise allégée
½ cuil. à café d'extrait de vanille
2 fruits de la passion

1 Épluchez la mangue, coupez de part et d'autre du noyau central plat. Coupez la pulpe en gros morceaux et mixez au robot ou au mixeur pour obtenir une préparation homogène. Vous pouvez aussi l'écraser à la fourchette.

2 Épluchez le kiwi, coupez la pulpe en petits morceaux et mettez-les dans un saladier. Épluchez et coupez la banane en morceaux et ajoutez-la au saladier. Mélangez bien les fruits dans le jus et le zeste de citron vert.

3 Dans un saladier exempt de graisse, battez les blancs en neige

et incorporez-les délicatement à la crème anglaise avec l'extrait de vanille, jusqu'à ce que le tout soit bien mélangé.

4 Dans quatre verres à bords hauts, alternez une couche de fruits hachés, une couche de purée de mangue et une couche de crème anglaise en terminant par de la crème anglaise. Réfrigérez 20 minutes.

5 Coupez les fruits de la passion en deux, retirez les pépins et versez le fruit de la passion à la cuillère sur les mousses. Décorez avec du zeste de citron vert et servez.

VARIANTE

Vous pouvez utiliser d'autres fruits tropicaux : purée de papaye, avec ananas et dates hachées, décorée avec des pépins de tomates en arbre ou de grenades. Vous pouvez aussi réaliser une mousse de fruits rouges en utilisant une purée de fraises, recouverte de framboises et de mûres, et des cerises pour finir.

Vacherins au sucre roux

*Ce simple mélange de meringue au goût de caramel garnie de fromage blanc (yaourt)
et de framboises clôture parfaitement n'importe quel repas.*

Pour 4 personnes

CALORIES PAR PORTION : 170 • MATIÈRES GRASSES PAR PORTION : 0,2 G

INGRÉDIENTS

2 gros blancs d'œufs
1 cuil. à café de Maïzena
1 cuil. à café de vinaigre de framboise
100 g/ 3¹⁄₂ onces de sucre de canne complet clair, morceaux écrasés

150 ml/ 5 oz liquides/ ³⁄₄ tasse de fromage blanc battu (yaourt non sucré) nature, à 0%
175 g/ 6 onces de framboises, décongelées si elles sont surgelées

2 cuil. à soupe de gelée de groseilles
2 cuil. à soupe de jus d'orange non sucré
feuilles de géranium parfumées à la rose, pour le décor

1 Préchauffez le four à 150°C/ 300°F/ Thermostat 2. Garnissez une plaque à pâtisserie de papier sulfurisé. Dans un grand saladier exempt de graisse, battez les blancs en neige jusqu'à ce qu'ils soient très fermes et secs. Incorporez la Maïzena et le vinaigre.

2 Continuez de battre et incorporez progressivement le sucre, une cuillerée à la fois, jusqu'à ce que le mélange soit épais et brillant.

3 Divisez la préparation en 4 et versez à la cuillère sur la plaque à pâtisserie, en espaçant bien. Formez chaque tas en un rond d'environ 10 cm/ 4 pouces de diamètre et faites cuire au four 40-45 minutes jusqu'à ce qu'ils soient légèrement dorés et craquants. Laissez refroidir sur la plaque à pâtisserie.

4 Mettez la gelée de groseilles et le jus d'orange dans une petite casserole et chauffez, en remuant, jusqu'à ce que la gelée ait fondu. Laissez refroidir 10 minutes.

5 Pendant ce temps, avec une pelle à tarte, retirez soigneusement chaque pavlova de la plaque et dressez-la sur une assiette. Recouvrez de fromage blanc (yaourt non sucré) et de framboises.

6 À l'aide d'une cuillère, nappez de gelée de groseille pour glacer. Décorez et servez.

VARIANTE

*Pour réaliser un gros vacherin, formez
un rond de meringue, de 18 cm/ 7 pouces
de diamètre, sur une plaque à pâtisserie
et faites cuire 1 heure au four.*

Jellies à l'abricot et à l'orange

Ces petits desserts fruités et gais sont faciles à réaliser et tellement meilleurs que les jellies achetées en magasin. Servez-les avec de la glace ou une crème maison allégée.

Pour 4 personnes

CALORIES PAR PORTION : 220 • MATIÈRES GRASSES PAR PORTION : 4,5 G

INGRÉDIENTS

225 g/ 8 onces d'abricots secs prêts à l'emploi
300 ml/ ½ pinte/ 1¼ tasse de jus d'orange non sucré
2 cuil. à soupe de jus de citron
2-3 cuil. à café de miel liquide

1 cuil. à soupe de gélatine en poudre
4 cuil. à soupe d'eau bouillante

POUR LE DÉCOR :
quartiers d'orange
brins de menthe

"CRÈME" À LA CANNELLE :
115 g/ 4 onces de ricotta allégée
115 g/ 4 onces de fromage blanc battu (yaourt non sucré) nature, à 0%
1 cuil. à café de cannelle en poudre
1 cuil. à soupe de miel liquide

1 Mettez les abricots dans une casserole et versez-y le jus d'orange. Portez à ébullition, couvrez et laissez cuire 15-20 minutes à feu doux, jusqu'à ce qu'ils aient gonflé et se soient ramollis.

2 Versez la préparation dans un mixeur ou un robot et mixez pour obtenir un mélange homogène. Ajoutez le jus de citron et le miel. Versez la préparation dans un pichet gradué et remplissez avec de l'eau froide jusqu'à 600 ml/ 1 pinte/ 2½ tasses.

3 Faites fondre la gélatine dans l'eau bouillante et ajoutez à la préparation à l'abricot en remuant.

4 Versez la préparation dans 4 moules individuels, de 150 ml/ 5 oz liquides/ ⅔ tasse chacun, ou dans un grand moule de 600 ml/ 1 pinte/ 2½ tasses. Laissez refroidir jusqu'à ce que la gelée soit prise.

5 Pendant ce temps, faites la "crème" à la cannelle. Mélangez ensemble tous les ingrédients et mettez-les dans un petit saladier. Couvrez et réfrigérez.

6 Pour démouler les jellies, trempez les moules dans l'eau chaude pendant quelques secondes pour dégager les jellies et détournez-les sur les assiettes. Décorez et servez avec la "crème" à la cannelle saupoudrée de cannelle en poudre.

VARIANTE

Dans cette recette, vous pourriez tout aussi bien utiliser des pêches, des mangues ou des poires sèches à la place des abricots.

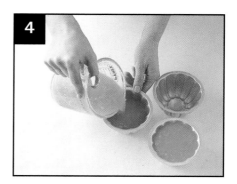

Bananes caramélisées au sésame

Ces petites bouchées succulentes sont un vrai plaisir.
Des morceaux de bananes sont trempés dans le caramel puis parsemés de graines de sésame.

Pour 4 personnes

CALORIES PAR PORTION : 300 • MATIÈRES GRASSES PAR PORTION : 4,5 G

INGRÉDIENTS

4 bananes moyennes mûres
3 cuil. à soupe de jus de citron
115 g/ 4 onces de sucre en poudre
4 cuil. à soupe d'eau froide

2 cuil. à soupe de graines de sésame
150 ml/ 5 oz liquides/ ²/₃ tasse de
fromage blanc battu (yaourt non
sucré) nature, à 0%

1 cuil. à soupe de sucre glace
1 cuil. à café d'extrait de vanille
zeste de citron et de citron vert, en
lanières, pour le décor

1 Épluchez les bananes et coupez-les en morceaux de 5 cm/ 2 pouces. Mettez les bananes dans un saladier, arrosez-les de jus de citron et mélangez bien pour napper – ceci empêchera les bananes de noircir.

2 Mettez le sucre et l'eau dans une petite casserole et chauffez délicatement, en remuant, jusqu'à ce que le sucre soit dissous. Portez à ébullition et laissez cuire 5-6 minutes à feu doux, jusqu'à ce que le mélange devienne brun-doré.

3 Pendant ce temps, égouttez les bananes et épongez-les avec de l'essuie-tout. Garnissez une plaque à pâtisserie ou une planche de papier sulfurisé et disposez les bananes dessus en les espaçant bien.

4 Lorsque le caramel est prêt, arrosez les bananes en travaillant rapidement car le caramel prend presque instantanément. Parsemez de graines de sésame et laissez refroidir 10 minutes.

5 Pendant ce temps, mélangez le fromage blanc (yaourt non sucré) avec le sucre glace et l'extrait de vanille.

6 Décollez les bananes du papier et dressez-les sur des assiettes. Servez le fromage blanc comme sauce d'accompagnement, décoré avec les zestes de citron et de citron vert en lanières.

MON CONSEIL

Pour un résultat optimal, utilisez un couteau-éplucheur pour éplucher de fines lanières de citron et de citron vert, en prenant soin de ne pas inclure de peau blanche. Faites blanchir les lanières 1 minute dans l'eau bouillante, puis rafraîchissez-les sous l'eau froide.

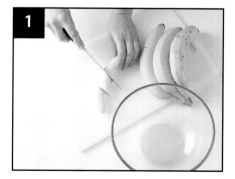

Mousse chocolat-moka

*Un mélange de mousses riches et pourtant légères au chocolat et au moka
servi dans des coupes individuelles. À servir pour les grandes occasions.*

Pour 4 personnes

CALORIES PAR PORTION : 130 • MATIÈRES GRASSES PAR PORTION : 6,5 G

INGRÉDIENTS

1 cuil. à soupe d'extrait de café et chicorée

2 cuil. à café de poudre de cacao, avec un peu en plus pour saupoudrer

1 cuil. à café de chocolat en poudre (cacao instantané) dégraissé

150 ml/ 5 oz liquides/ ²/₃ tasse de crème fraîche allégée, plus 4 cuil. à café pour servir (voir Mon conseil ci-dessous)

2 cuil. à café de gélatine en poudre

2 cuil. à soupe d'eau bouillante

2 gros blancs d'œufs

2 cuil. à soupe de sucre en poudre

4 grains de café au chocolat, pour le décor

1 Mettez l'extrait de café et de chicorée dans un saladier, et 2 cuil. à café de poudre de cacao et le chocolat en poudre dans un autre saladier. Répartissez la crème fraîche à parts égales entre les 2 saladiers et mélangez bien jusqu'à ce qu'elle soit bien incorporée.

2 Faites dissoudre la gélatine dans l'eau bouillante et réservez. Dans un saladier exempt de graisse, battez les blancs en neige et répartissez le mélange à parts égales entre les préparations au café et au chocolat.

3 Répartissez la gélatine dissoute à parts égales entre les 2

préparations et, avec une cuillère en métal, incorporez-la délicatement jusqu'à ce qu'elle soit bien mélangée.

4 Versez de petites quantités de chacune des mousses en alternance dans 4 coupes et remuez délicatement pour former des volutes. Réfrigérez 1 heure ou jusqu'à ce que la mousse soit prise.

5 Pour servir, recouvrez chaque mousse d'une cuillère à café de crème fraîche et d'un grain de café au chocolat et saupoudrez de poudre de cacao. Servez immédiatement.

MON CONSEIL

La crème fraîche traditionnelle est acidulée et contient environ 40% de matières grasses. Elle est épaisse et a un goût de noix légèrement acide. Les versions allégées contiennent moins de matières grasses et sont donc plus fluides, mais elles ne doivent être utilisées qu'occasionnellement dans les régimes pauvres en matières grasses. Si vous voulez utiliser quelque chose de moins gras, du yaourt non sucré ou du fromage blanc à 0% serait plus recommandé.

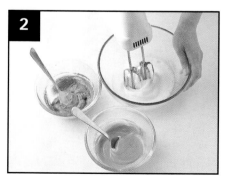

Coupe de fruits aux céréales

Un bon dessert consistant, qui est sûr de vous rassasier.
Pour la compote, utilisez vos fruits secs préférés.

Pour 4 personnes

CALORIES PAR PORTION : 340 • MATIÈRES GRASSES PAR PORTION : 6 G

INGRÉDIENTS

115 g/ 4 onces d'abricots secs, prêts à l'emploi

115 g/ 4 onces de pruneaux secs prêts à l'emploi

115 g/ 4 onces de pêches sèches prêtes à l'emploi

60 g/ 2 onces de pommes sèches

25 g/ 1 once de cerises sèches

450 ml/ 16 oz liquides/ 2 tasses de jus de pomme non sucré

6 capsules de cardamome

6 clous de girofle

1 bâton de cannelle, brisé

300 ml/ ½ pinte/ 1¼ tasse de yaourt nature à 0%

115 g/ 4 onces de céréales d'avoine croustillantes

tranches d'abricot, pour le décor

---

1 Pour réaliser la compote de fruit, mettez les abricots, les pruneaux, les pêches, les pommes et les cerises secs dans une casserole et mouillez avec le jus de pomme.

2 Ajoutez les capsules de cardamome, les clous de girofle et le bâton de cannelle à la casserole, portez à ébullition et laissez cuire 10-15 minutes à feu doux, jusqu'à ce que les fruits aient gonflé et soient tendres.

3 Laissez refroidir complètement la préparation dans la casserole, puis versez-la dans un saladier et réfrigérez 1 heure. Ôtez les épices de la compote.

4 Versez la compote dans 4 coupes à dessert, en alternant avec une couche de yaourt et de céréales d'avoine, en terminant par des céréales.

5 Décorez chaque coupe avec des tranches d'abricot et servez sans attendre.

MON CONSEIL

On trouve dans le commerce de nombreux fruits secs, y compris des mangues et des poires, dont certains doivent être mis à tremper. Il faut donc lire attentivement le mode d'emploi sur le paquet avant de les utiliser. Vérifiez aussi la liste des ingrédients, car plusieurs types de fruits secs ont du sucre rajouté ou sont enrobés de sucre, et ceci affectera la quantité de sucre à utiliser dans la recette.

Pommes poêlées au vin rouge

*Ce simple mélange de pommes et de framboises cuites dans le vin rouge
constitue un dessert coloré très tentant.*

Pour 4 personnes

CALORIES PAR PORTION : 200 • MATIÈRES GRASSES PAR PORTION : 4,5 G

INGRÉDIENTS

4 pommes à croquer
2 cuil. à soupe de jus de citron
40 g/ 1$^{1}/_{2}$ once de margarine allégée
60 g/ 2 onces de sucre de canne
   complet clair

1 petite orange
1 bâton de cannelle, brisé
150 ml/ 5 oz liquides/ $^{2}/_{3}$ tasse de vin
rouge

225 g/ 8 onces de framboises,
   équeutées et décongelées si elles
   sont surgelées
brins de menthe fraîche, pour le décor

1 Épluchez les pommes et retirez-
en le cœur, puis coupez-les en
gros quartiers. Mettez les pommes dans
un saladier, ajoutez le jus de citron et
retournez-les dedans pour les empêcher
de noircir.

2 Dans une poêle, faites fondre
délicatement la margarine allégée
à feu doux, ajoutez le sucre et mélangez
pour former une crème.

3 Ajoutez les quartiers de pomme à
la poêle, et laissez cuire 2 minutes,
en remuant, jusqu'à ce que les pommes
soient bien recouvertes de crème sucrée.

4 Avec un couteau-éplucheur,
épluchez quelques lanières
de zeste d'orange. Ajoutez le zeste
d'orange à la poêle ainsi que les
morceaux de bâton de cannelle.
Pressez le jus de l'orange et versez-le
dans la poêle avec le vin rouge. Portez à
ébullition, puis laissez cuire 10 minutes
à feu doux, en remuant.

5 Ajoutez les framboises à la poêle
et laissez cuire 5 minutes jusqu'à
ce que les pommes soient tendres.

6 Ôtez le zeste d'orange et les
morceaux de cannelle. Dressez

le mélange de pommes et de framboises
sur un plat avec la sauce au vin. Décorez
avec un brin de menthe fraîche et servez
chaud.

VARIANTE

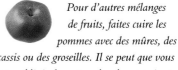

*Pour d'autres mélanges
de fruits, faites cuire les
pommes avec des mûres, des
cassis ou des groseilles. Il se peut que vous
soyez obligée de mettre plus de sucre si vous
utilisez des groseilles ou des cassis car ils ne
sont pas aussi sucrés que les framboises.*

Crème brûlée aux fruits mélangés

Traditionnellement un mélange riche fait avec de la crème, mais cette version à base de fruits est tout aussi alléchante. Si vous préférez, nappez avec du yaourt nature (non sucré).

Pour 4 personnes

CALORIES PAR PORTION : 225 • MATIÈRES GRASSES PAR PORTION : 11 G

INGRÉDIENTS

450 g/ 1 lb de fruits rouges mélangés tout prêts (par ex. : fraises, framboises, cassis, groseilles et cerises), décongelés s'ils sont surgelés

150 ml/ 5 oz liquides/ ³/₄ tasse de crème épaisse allégée
150 ml/ 5 oz liquides/ ³/₄ tasse de fromage blanc battu (yaourt non sucré) nature, à 0%

1 cuil. à café d'extrait de vanille
4 cuil. à soupe de cassonade

1 Répartissez les fraises, les framboises, les cassis, les groseilles et les cerises à parts égales dans 4 petits ramequins allant au four.

2 Mélangez la crème allégée, le fromage blanc (yaourt non sucré) et l'extrait de vanille. Recouvrez-en les fruits abondamment.

3 Préchauffez le gril sur chaud. Saupoudrez 1 cuil. à soupe de cassonade sur chaque ramequin et faites cuire les desserts au gril 2-3 minutes, jusqu'à ce que le sucre fonde et commence à se caraméliser. Servez chaud.

VARIANTE

Si vous faites ce dessert pour une occasion spéciale, faites tremper les fruits dans 2-3 cuil. à soupe de liqueur avant de les recouvrir avec le mélange de crème.

MON CONSEIL

Recherchez les crèmes allégées, que ce soit sous forme liquide ou épaisse. Ce sont de bons substituts à utiliser occasionnellement. Dans cette recette, vous pouvez aussi omettre la crème et doubler la quantité de fromage blanc (yaourt) pour une version encore plus légère.

Plateau de fruits grillés au 'beurre' de citron vert

*Cette délicieuse version d'une salade de fruits chauds se compose de fruits tropicaux,
saupoudrés de cassonade, de sucre sirupeux et d'une pincée d'épices, puis grillés.*

Pour 4 personnes

CALORIES PAR PORTION : 220 • MATIÈRES GRASSES PAR PORTION : 6,5 G

INGRÉDIENTS

1 petit ananas	4 cuil. à soupe de rhum	"BEURRE" AU CITRON VERT :
1 papaye mûre	1 cuil. à café de tout-épice en poudre	60 g/ 2 onces de margarine allégée
1 mangue mûre	2 cuil. à soupe de jus de citron vert	1/2 cuil. à café de zeste de citron vert
2 kiwis	4 cuil. à soupe de sucre de canne	finement râpé
4 mini-bananes	complet foncé	1 cuil. à soupe de sucre glace

1 Coupez l'ananas en quatre en enlevant la plus grande partie des feuilles, et mettez-le dans un plat creux. Épluchez la papaye, coupez-la en deux et enlevez les pépins. Coupez la pulpe en gros quartiers et mettez-les dans le même plat que l'ananas.

2 Épluchez la mangue, coupez de part et d'autre du noyau plat central et retirez le noyau. Coupez la pulpe en quartiers épais. Épluchez le kiwi et coupez-le en deux. Épluchez les bananes. Ajoutez tous ces fruits au plat.

3 Arrosez de rhum et de jus de citron vert et saupoudrez de tout-épice. Couvrez et laissez 30 minutes à température ambiante, en tournant de temps en temps, pour permettre aux parfums de se dégager.

4 Pendant ce temps, faites le "beurre". Mettez la margarine allégée dans un petit saladier et mélangez le zeste de citron vert et le sucre avec un batteur, jusqu'à ce que le tout soit bien incorporé. Réfrigérez jusqu'au moment de servir.

5 Préchauffez le gril sur chaud. Égouttez les fruits, en réservant le jus, et disposez-les sur le gril. Saupoudrez de sucre et faites cuire 3-4 minutes au gril jusqu'à ce que les fruits soient chauds, fassent des bulles et commencent à griller.

6 Dressez les fruits sur un plat et arrosez de jus. Servez avec le "beurre" au citron vert.

VARIANTE

Servez avec une sauce légère faite avec 300 ml/ 1/2 pinte/ 1 1/4 tasse de jus de fruit tropical épaissi avec 2 cuil. à café d'arrow-root.

Poires au four à la cannelle et au sucre roux

Ce simple dessert est facile à préparer, mais il est délicieusement réconfortant. Servez chaud avec de la crème anglaise allégée, ou laissez refroidir et servez glacé avec du fromage blanc ou du yaourt.

Pour 4 personnes

CALORIES PAR PORTION : 160 • MATIÈRES GRASSES PAR PORTION : 6 G

INGRÉDIENTS

4 poires mûres
2 cuil. à soupe de jus de citron
4 cuil. à soupe de sucre de canne complet clair

1 cuil. à café de cannelle en poudre
60 g/ 2 onces de margarine allégée
crème anglaise allégée, pour servir

zeste de citron, finement râpé, pour le décor

1 Préchauffez le four à 200°C/ 400°F/ Thermostat 6. Enlevez le cœur des poires et épluchez-les, puis coupez-les en deux dans le sens de la longueur et badigeonnez-les de jus de citron avec un pinceau pour les empêcher de noircir. Mettez les poires, côté coupé vers le bas, dans un petit plat à rôtir antiadhésif.

2 Mettez le sucre, la cannelle et la margarine allégée dans une casserole et chauffez délicatement, en remuant, jusqu'à ce que le sucre ait fondu. Maintenez sur feu doux pour empêcher que trop d'eau ne s'évapore

de la margarine allégée. Versez la préparation sur les poires.

3 Faites cuire 20-25 minutes au four, jusqu'à ce que les poires soient tendres et dorées, en versant de temps en temps du mélange sucré sur les fruits au cours de la cuisson.

4 Pour servir, faites chauffer la crème anglaise jusqu'à ce qu'elle soit bien chaude et nappez-en le fond de 4 assiettes à dessert chaudes. Dressez 2 moitiés de poire sur chacune. Décorez avec le zeste de citron râpé et servez.

VARIANTE

Cette recette irait très bien aussi avec des pommes à cuire. Pour un tout autre parfum, remplacez la cannelle par du gingembre en poudre et servez les poires parsemées de gingembre au sirop, haché. Vous pouvez aussi utiliser du tout-épice en poudre et arroser les fruits de rhum tiède juste avant de servir.

Pommes au four avec des mûres

*Ce dessert hivernal est un grand classique. De grosses pommes charnues, sont creusées
et remplies d'épices, d'amandes et de mûres. Servez chaud avec de la crème anglaise allégée.*

Pour 4 personnes

CALORIES PAR PORTION : 250 • MATIÈRES GRASSES PAR PORTION : 2 G

INGRÉDIENTS

4 pommes à cuire moyennes
1 cuil. à soupe de jus de citron
100 g/ 3¹/₂ onces de mûres préparées,
   décongelées si elles sont surgelées
15 g/ ¹/₂ once d'amandes effilées
¹/₂ cuil. à café de tout-épice en poudre

¹/₂ cuil. à café de zeste de citron
   finement râpé
2 cuil. à soupe de cassonade
300 ml/ ¹/₂ pinte/ 1¹/₄ tasse de porto
   rouge
1 bâton de cannelle, brisé

2 cuil. à café de Maïzena, délayée avec
   2 cuil. à soupe d'eau froide
crème anglaise allégée, pour servir

1 Préchauffez le four à 200°C/
400°F/ Thermostat 6. Lavez et
essuyez les pommes. Avec un petit
couteau pointu, faites une incision
tout le tour de chaque pomme en son
milieu – ceci facilitera la cuisson des
pommes.

2 Retirez le cœur des pommes,
badigeonnez le milieu creusé
de jus de citron avec un pinceau pour
l'empêcher de noircir et mettez les
pommes dans un plat à rôtir.

3 Mélangez dans un saladier les
mûres, les amandes, le tout-épice,
le jus de citron et le sucre. Avec une

cuillère à café, remplissez le milieu des
pommes de ce mélange.

4 Versez le porto dans le plat à rôtir,
ajoutez le bâton de cannelle et faites
cuire 35-40 mn au four, jusqu'à ce que
les pommes soient tendres et moelleuses.
Versez le sirop de cuisson dans une
casserole et gardez les pommes au chaud.

5 Ôtez le bâton de cannelle et
ajoutez la Maïzena délayée au
sirop de cuisson. Chauffez, en remuant,
jusqu'à ce que le sirop épaississe.

6 Faites chauffer la crème anglaise
jusqu'à ce qu'elle soit bien chaude.

Versez le sirop sur les pommes et servez
avec la crème anglaise.

VARIANTE

*Remplacez les mûres
par des framboises et,
si vous préférez,
remplacez le porto
par du jus d'orange non sucré.*

Crêpes blanches dentelées aux fruits orientaux

Ces crêpes extra-légères fondent dans la bouche. Elles sont garnies
d'une salade de melon, raisins et litchis parfumée au gingembre.

Pour 4 personnes

CALORIES PAR PORTION : 170 • MATIÈRES GRASSES PAR PORTION : 1,5 G

INGRÉDIENTS

3 blancs d'œufs moyens
4 cuil. à soupe de Maïzena
3 cuil. à soupe d'eau froide
1 cuil. à café d'huile végétale

GARNITURE :
350 g/ 12 onces de litchis frais
$^1/_4$ de melon à chair verte (Galia)
175 g/ 6 onces de raisins verts sans
  pépins

1 morceau de gingembre frais de 1 cm/
  $^1/_2$ pouce
2 morceaux de gingembre au sirop
1 cuil. à soupe de vin de gingembre ou
  de xérès sec

1 Pour réaliser la garniture aux fruits, épluchez les litchis et enlevez les noyaux. Mettez les litchis dans un saladier. Retirez les graines du melon et enlevez la peau. Coupez la chair du melon en petits morceaux et mettez dans le saladier.

2 Lavez et essuyez les raisins, détachez-en les grains et mettez-les dans le saladier. Épluchez le gingembre frais et coupez-le en fines lamelles ou râpez-le finement. Égouttez les morceaux de gingembre au sirop, en réservant le sirop, et coupez-les fin.

3 Ajoutez tout le gingembre au saladier ainsi que le vin de gingembre ou le xérès et le sirop réservé. Couvrez et réservez.

4 Pendant ce temps, préparez les crêpes. Dans un bol verseur, mélangez les blancs d'œufs, la Maïzena et l'eau froide pour obtenir une préparation très homogène.

5 Huilez une petite poêle à crêpes antiadhésive avec un pinceau et chauffez jusqu'à ce qu'elle soit bien chaude. Versez un quart de la préparation à la Maïzena dans la poêle

de manière à créer un effet de dentelle. Laissez cuire quelques secondes jusqu'à ce que le mélange prenne, puis soulevez soigneusement et posez sur de l'essuie-tout pour laisser égoutter. Réservez au chaud. Répétez l'opération avec le reste de la préparation pour réaliser 4 crêpes au total.

6 Pour servir, dressez une crêpe sur chaque assiette et garnissez de salade de fruit. Repliez la crêpe et servez chaud.

Cake à la marmelade de fraises et aux pommes

Ce cake fruité sucré est idéal servi à l'heure du thé ou comme en-cas diététique.

Pour 8 personnes

CALORIES PAR PORTION : 360 • MATIÈRES GRASSES PAR PORTION : 2,8 G

INGRÉDIENTS

175 g/ 6 onces de flocons d'avoine
100 g/ 3^1/$_2$ onces de sucre de canne complet clair
1 cuil. à café de cannelle en poudre
125 g/ 4^1/$_2$ onces de raisins de Smyrne dorés
175 g/ 6 onces de raisins secs sans pépins

2 cuil. à soupe d'extrait de malt
300 ml/ ^{1}/$_2$ pinte/ 1^1/$_4$ tasse de jus de pomme non sucré
175 g/ 6 onces de farine complète avec levure incorporée
1^1/$_2$ cuil. à café de levure (chimique)
fraises et quartiers de pomme, pour servir

MARMELADE :
225 g/ 8 onces de fraises, lavées et équeutées
2 pommes à croquer, cœur enlevé, hachées et mélangées avec 1 cuil. à soupe de jus de citron pour les empêcher de noircir
300 ml/ ^{1}/$_2$ pinte/ 1^1/$_4$ tasse de jus de pomme non sucré

1 Préchauffez le four à 180°C/ 350°F/ Thermostat 4. Graissez et garnissez un moule à cake de 900 g/ 2lb. Mettez les flocons d'avoine, le sucre, la cannelle, les raisins de Smyrne, les raisins secs et l'extrait de malt dans un saladier. Versez le jus de pomme, remuez bien et laissez reposer 30 minutes.

2 Tamisez la farine et la levure, en ajoutant toute enveloppe de grain qui pourrait rester dans le tamis, et incorporez avec une cuillère en métal. Versez la préparation dans le moule garni et faites cuire 1½ heures au four jusqu'à ce que le cake soit ferme ou qu'une aiguille en acier piquée au milieu ressorte parfaitement propre. Laissez refroidir 10 minutes, puis détournez sur une grille et laissez refroidir complètement.

3 Pendant ce temps, faites la marmelade. Mettez les fraises et les pommes dans une casserole et mouillez avec le jus de pomme. Portez à ébullition, couvrez et laissez cuire 30 minutes à feu doux. Battez bien la marmelade et versez-la dans un pot propre et chaud. Laissez refroidir, puis fermez hermétiquement et étiquetez.

4 Servez le cake avec 1-2 cuillerées de marmelade et un assortiment de fraises et de quartiers de pomme.

Cake à la banane et au citron vert

*Un cake consistant à servir à l'heure du thé. Les bananes écrasées font que le gâteau reste moelleux,
et il est décoré de filaments de glaçage au citron vert pour lui donner du piquant.*

Pour 10 personnes

CALORIES PAR PORTION : 360 • MATIÈRES GRASSES PAR PORTION : 2,8 G

INGRÉDIENTS

300 g/ 10½ onces de farine
1 cuil. à café de sel
1½ cuil. à café de levure (chimique)
175 g/ 6 onces de sucre de canne
complet clair
1 cuil. à café de zeste de citron vert,
râpé
1 œuf moyen, battu

1 banane moyenne, écrasée avec 1 cuil.
à soupe de jus de citron vert
150 ml/ 5 oz liquides/ ⅔ tasse de
fromage blanc battu (yaourt non
sucré) nature, à 0%
115 g/ 4 onces de raisins de Smyrne
tranches de bananes séchées, pour le
décor

zeste de citron vert, finement râpé,
pour le décor

GLAÇAGE :
115 g/ 4 onces de sucre glace
1-2 cuil. à café de jus de citron vert
½ cuil. à café de zeste de citron vert,
finement râpé

1 Préchauffez le four à 180°C/
350°F/ Thermostat 4. Graissez et
garnissez de papier sulfurisé un moule
à gâteaux rond de 18 cm/ 7 pouces de
diamètre. Tamisez la farine, le sel et la
levure dans un saladier et ajoutez le
sucre et le zeste de citron vert.

2 Creusez un trou au centre des
ingrédients secs et ajoutez l'œuf,
la banane, le fromage blanc (yaourt) et
les raisins de Smyrne. Mélangez bien,
jusqu'à ce que tous les ingrédients
soient bien incorporés.

3 Versez la préparation dans le moule
et lissez-en la surface. Faites cuire
40-45 minutes au four, jusqu'à ce que le
cake soit ferme au toucher ou qu'une
aiguille en acier piquée au milieu ressorte
parfaitement propre. Laissez refroidir 10
minutes, puis démoulez sur une grille.

4 Pour réaliser le glaçage, tamisez le
sucre glace dans un petit saladier et
mélangez avec le jus de citron vert pour
obtenir un glaçage mou, mais pas trop
liquide. Ajoutez le zeste de citron vert et
remuez. Versez le glaçage de manière à

former des filaments, et laissez couler
sur les côtés.

5 Décorez avec des tranches de
bananes sèches et le zeste de citron
vert. Laissez reposer 15 mn pour que le
glaçage prenne.

VARIANTE

*Remplacez le zeste et le jus de citron vert
par de l'orange et les raisins de Smyrne par
des abricots coupés en morceaux.*

Cake croustillant aux pommes et aux mûres

Les morceaux de sucre donnent à ce cake moelleux une belle croûte dorée.

Pour 10 personnes

CALORIES PAR PORTION : 230 • MATIÈRES GRASSES PAR PORTION : 1,5 G

INGRÉDIENTS

350 g/ 12 onces de pommes à cuire
3 cuil. à soupe de jus de citron
300 g/ 10¹/₂ onces de farine complète
avec levure incorporée
¹/₂ cuil. à café de levure (chimique)
1 cuil. à café de cannelle en poudre,
avec un peu en plus pour saupoudrer

175 g/ 6 onces de mûres préparées,
décongelées si elles sont surgelées,
et quelques-unes en plus pour le
décor
175 g/ 6 onces de sucre de canne
complet clair
1 œuf moyen, battu

200 ml/ 7 oz liquides/ ³/₄ tasse de
fromage blanc battu (yaourt non
sucré) nature, à 0%
60 g/ 2 onces de morceaux de sucre
blanc ou roux, légèrement écrasés
tranches de pommes à croquer, pour
le décor

1 Préchauffez le four à 190°C/ 375°F/ Thermostat 5. Graissez et garnissez un moule à gâteaux de 900 g/ 2lb. Retirez le cœur des pommes, épluchez-les et coupez-les en petits dés. Mettez-les dans une casserole avec le jus de citron, portez à ébullition, couvrez et laissez cuire 10 minutes à feu doux, jusqu'à ce que les pommes soient tendres et moelleuses. Battez bien et laissez refroidir.

2 Tamisez la farine, la levure et 1 cuil. à café de cannelle dans un saladier, en ajoutant toute enveloppe de grain qui serait restée dans le tamis. Ajoutez 115 g/ 4 onces de mûres et le sucre et remuez.

3 Creusez un trou au centre des ingrédients et ajoutez-y l'œuf, le fromage blanc (yaourt non sucré) et la compote refroidie. Mélangez bien pour incorporer tous les ingrédients. Versez la préparation dans le moule garni et lissez la surface.

4 Parsemez le reste des mûres et enfoncez-les dans la préparation, puis recouvrez avec les morceaux de sucre écrasés. Faites cuire 40-45 minutes au four. Laissez refroidir dans le moule.

5 Démoulez le gâteau et enlevez le papier sulfurisé. Servez saupoudré de cannelle et décoré avec quelques mûres et des tranches de pommes.

Cake aux fruits secs

Ce cake moelleux est le type de gâteau servi en Grande-Bretagne à Noël.

Pour 12 personnes

CALORIES PAR PORTION : 315 ● MATIÈRES GRASSES PAR PORTION : 3 G

INGRÉDIENTS

175 g/ 6 onces de dates dénoyautées non sucrées

115 g/ 4 onces de pruneaux secs prêts à l'emploi

200 ml/ 7 oz liquides/ ³/4 tasse de jus d'orange non sucré

2 cuil. à soupe de mélasse

1 cuil. à café de zeste de citron finement râpé

1 cuil. à café de zeste d'orange finement râpé

225 g/ 8 onces de farine complète avec levure incorporée

1 cuil. à café d'épices mélangées

115 g/ 4 onces de raisins secs sans pépins

115 g/ 4 onces de raisins de Smyrne

115 g/ 4 onces de raisins de Corinthe

115 g/ 4 onces de canneberges sèches

3 gros œufs, blancs et jaunes séparés

sucre glace

POUR LE DÉCOR :

1 cuil. à soupe de confiture d'abricot, ramollie

175 g/ 6 onces de glaçage prêt à étendre

lanières de zeste d'orange

lanières de zeste de citron

1 Préchauffez le four à 170°C/ 325°F/ Thermostat 3. Graissez et garnissez un moule à gâteaux rond à bords hauts, de 20,5 cm/ 8 pouces de diamètre. Hachez les dates et les pruneaux et mettez-les dans une casserole. Versez le jus d'orange et portez à ébullition. Laissez cuire 10 minutes à feu doux jusqu'à ce que les fruits soient très ramollis.

2 Retirez la casserole du feu et battez le mélange de fruits pour en réaliser une compote. Ajoutez la mélasse et les zestes. Laissez refroidir.

3 Pendant ce temps, tamisez la farine et les épices mélangées dans un saladier, en ajoutant toute enveloppe de grain qui serait restée dans le tamis. Ajoutez les fruits secs, mélangez et creusez un trou au centre.

4 Lorsque la compote de date et de pruneaux est froide, incorporez-y les jaunes d'œufs. Dans un autre saladier, battez les blancs en neige. Versez le mélange de fruits et de jaunes d'œufs dans les ingrédients secs et travaillez avec une cuillère en bois pour bien mélanger.

5 Incorporez délicatement les blancs en neige avec une cuillère en métal. Versez la préparation dans le moule garni et faites cuire 1½ heures au four. Laissez refroidir dans le moule.

6 Démoulez le cake et badigeonnez le dessus de confiture avec un pinceau. Saupoudrez du sucre glace sur le plan de travail et étalez le glaçage à une mince épaisseur. Recouvrez le dessus du cake de glaçage et coupez tout le tour du bord. Décorez le cake avec les zestes d'orange et de citron.

Gâteau à la carotte et au gingembre

Ce gâteau qui fond dans la bouche a beaucoup moins de matières grasses que sa version traditionnelle.

Pour 10 personnes

CALORIES PAR PORTION : 300 • MATIÈRES GRASSES PAR PORTION : 10 G

INGRÉDIENTS

225 g/ 8 onces de farine
1 cuil. à café de levure (chimique)
1 cuil. à café de bicarbonate de soude
2 cuil. à café de gingembre en poudre
1/2 cuil. à café de sel
175 g/ 6 onces de sucre de canne
  complet clair
225 g/ 8 onces de carottes, râpées
2 morceaux de gingembre au sirop,
  égouttés et hachés

25 g/ 1 once de gingembre frais, râpé
60 g/ 2 onces de raisins secs sans
  pépins
2 œufs moyens battus
3 cuil. à soupe d'huile de maïs
jus d'une orange moyenne

POUR LE DÉCOR :
carotte râpée
gingembre frais

gingembre en poudre

GLAÇAGE :
225 g/ 8 onces de fromage frais allégé
4 cuil. à soupe de sucre glace
1 cuil. à café d'extrait de vanille

1 Préchauffez le four à 180°C/ 350°F/ Thermostat 4. Graissez et garnissez de papier sulfurisé un moule à gâteaux rond de 20,5 cm/ 8 pouces.

2 Tamisez la farine, la levure, le bicarbonate de soude, le gingembre en poudre et le sel dans un saladier. Ajoutez le sucre, la carotte, le gingembre au sirop, le gingembre frais et les raisins secs. Creusez un trou au centre des ingrédients secs.

3 Battez ensemble les œufs, l'huile et le jus d'orange, puis versez dans le trou. Incorporez tous les ingrédients jusqu'à ce qu'ils soient bien mélangés.

4 Versez la préparation dans le moule et lissez-en la surface. Faites cuire 1-1¼ heures au four, jusqu'à ce que le gâteau soit ferme ou qu'une aiguille en acier piquée au milieu ressorte parfaitement sèche. Laissez refroidir dans le moule.

5 Pour réaliser le glaçage, mettez le fromage frais dans un saladier et battez-le pour le ramollir. Tamisez le sucre glace dans le saladier et ajoutez l'extrait de vanille. Remuez pour bien mélanger.

6 Sortez le gâteau du moule et nappez le dessus de glaçage. Servez décoré avec la carotte râpée, le gingembre au sirop et saupoudré de gingembre en poudre.

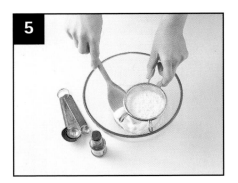

Roulade à la fraise

Ce gâteau de Savoie roulé léger et moelleux fourré de fromage blanc (yaourt) aux amandes et à la fraise
n'est pas exactement une roulade – il contient de la farine – mais le résultat est similaire.

Pour 8 personnes

CALORIES PAR PORTION : 185 • MATIÈRES GRASSES PAR PORTION : 4 G

INGRÉDIENTS

3 gros œufs
115 g/ 4 onces de sucre en poudre
115 g/ 4 onces de farine
1 cuil. à soupe d'eau chaude

GARNITURE :
200 ml/ 7 oz liquides/ ³/₄ tasse de
fromage blanc battu (yaourt non
sucré) nature, à 0%

1 cuil. à café d'extrait d'amandes
225 g/ 8 onces de petites fraises
15 g/ ½ once d'amandes grillés, effilées
1 cuil. à café de sucre glace

1 Préchauffez le four à 220°C/
425°F/ Thermostat 7. Garnissez
un moule à gâteaux roulés ou une
plaque de 35 x 25 cm/ 14 x 10 pouces de
papier sulfurisé. Mettez les œufs dans
un saladier avec le sucre en poudre.
Mettez le saladier sur une casserole
d'eau chaude et battez jusqu'à ce que le
mélange soit épais et blanc.

2 Retirez le saladier du feu. Tamisez
la farine et incorporez dans les
œufs avec l'eau chaude. Versez la
préparation dans le moule et faites cuire
8-10 minutes au four, jusqu'à ce que le
biscuit soit doré et ferme.

3 Posez le gâteau sur une feuille
de papier sulfurisé. Retirez le
papier qui garnissait le moule et
roulez le biscuit serré avec la feuille
de papier sulfurisé. Enveloppez dans
un torchon de vaisselle et laissez
refroidir.

4 Pour réaliser la garniture,
mélangez le fromage blanc
(yaourt) et l'extrait d'amandes. Ayant
réservé quelques fraises pour le décor,
lavez le reste, équeutez-les et coupez-
les en lamelles. Laissez refroidir la
garniture jusqu'au moment de la
mise en place.

5 Déroulez le gâteau, étalez dessus
le mélange de fromage blanc et
parsemez de fraises. Roulez de nouveau
le gâteau et dressez-le sur un plat.
Parsemez d'amandes et saupoudrez
légèrement de sucre glace. Décorez
avec les fraises réservées.

VARIANTE

Servez la roulade avec une compote de
fruits légèrement sucrée.

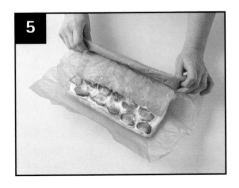

Muffins aux fruits

Un autre grand favori des Américains, ces petits gâteaux ne contiennent pas de beurre, uniquement de l'huile de maïs.

Pour 10 muffins

CALORIES PAR PORTION : 180 • MATIÈRES GRASSES PAR PORTION : 1,5 G

INGRÉDIENTS

225 g/ 8 onces de farine complète avec levure incorporée

2 cuil. à café de levure (chimique)

25 g/ 1 once de sucre de canne complet clair

100 g/ 3¹/₂ onces d'abricots secs, prêts à l'emploi, finement hachés

1 banane moyenne, écrasée avec 1 cuil. à soupe de jus d'orange

1 cuil. à café de zeste d'orange, finement râpé

300 ml/ ¹/₂ pinte/ 1¹/₄ tasse de lait écrémé

1 œuf moyen, battu

3 cuil. à soupe d'huile de maïs

2 cuil. à soupe de flocons d'avoine

marmelade, miel ou sirop d'érable, pour servir

1 Préchauffez le four à 200°C/ 400°F/ Thermostat 6. Disposez 10 caissettes à muffins en papier sur une plaque à muffins.

2 Tamisez la farine et la levure dans un saladier, en ajoutant toute enveloppe de grain qui aurait pu rester dans le tamis. Ajoutez le sucre et les abricots hachés.

3 Creusez un trou au centre des ingrédients secs et ajoutez-y la banane, le zeste d'orange, le lait, l'œuf battu et l'huile. Mélangez bien ensemble pour obtenir une pâte fluide

épaisse. Répartissez la pâte à parts égales entre les 10 caissettes en papier.

4 Saupoudrez quelques flocons d'avoine et faites cuire 25-30 minutes au four, jusqu'à ce que les muffins soient bien levés et fermes au toucher, ou qu'une aiguille d'acier piquée au milieu ressorte parfaitement sèche. Posez les muffins sur une grille pour qu'ils refroidissent légèrement.

5 Servez les muffins tièdes avec un peu de marmelade, de miel ou de sirop d'érable.

VARIANTE

Si vous aimez les figues sèches, elles sont un substitut croquant et délicieux des abricots ; de plus, elles se marient bien avec le parfum d'orange. D'autres fruits secs prêts à l'emploi, finement hachés, peuvent aussi être utilisés. Conservez ces muffins 3-4 jours dans une boîte hermétique. Ils se congèlent aussi très bien dans des sacs hermétiquement fermés ou dans des boîtes à congélation et peuvent se garder jusqu'à 3 mois.

Brownies aux chocolat

Oui, voilà vraiment un dessert au chocolat pauvre en matières grasses. Ces gâteaux moelleux renferment une purée de fruits secs, ce qui vous permet de les réaliser sans ajouter de matières grasses.

Pour 12 brownies

CALORIES PAR PORTION : 300 • MATIÈRES GRASSES PAR PORTION : 4,5 G

INGRÉDIENTS

60 g/ 2 onces de dates non sucrées dénoyautées, hachées

60 g/ 2 onces de pruneaux secs prêts à l'emploi, hachés

6 cuil. à soupe de jus de pomme non sucré

4 œufs moyens, battus

300 g/ 10½ onces de sucre de canne complet foncé

1 cuil. à café d'extrait de vanille

4 cuil. à soupe de chocolat en poudre dégraissé, et un peu en plus pour saupoudrer

2 cuil. à soupe de poudre de cacao

175 g/ 6 onces de farine

60 g/ 2 onces de pépites de chocolat noir

GLAÇAGE :

115 g/ 4 onces de sucre glace

1-2 cuil. à café d'eau

1 cuil. à café d'extrait de vanille

---

1 Préchauffez le four à 180°C/ 350°F/ Thermostat 4. Graissez un moule à gâteaux rectangulaire de 18 x 28 cm/ 7 x 11 pouces et garnissez-le de papier sulfurisé. Mettez les dates et les pruneaux dans une petite casserole et ajoutez le jus de pomme. Portez à ébullition, couvrez et laissez cuire 10 minutes à feu doux, jusqu'à ce que les fruits soient ramollis. Battez pour obtenir une purée homogène, puis laissez refroidir.

2 Mettez les fruits refroidis dans un saladier et ajoutez les œufs, le sucre et l'extrait de vanille. Tamisez dedans 4 cuil. à soupe de chocolat en poudre, le cacao et la farine, et remuez le tout en y ajoutant aussi les pépites de chocolat, pour obtenir un mélange homogène.

3 Versez la préparation dans le moule garni et lissez-en la surface. Faites cuire 25-30 minutes au four, jusqu'à ce que le gâteau soit ferme au toucher ou qu'une aiguille d'acier piquée au centre ressorte parfaitement sèche. Coupez en 12 portions et laissez

refroidir 10 minutes dans le moule. Sortez les muffins sur une grille et laissez refroidir complètement.

4 Pour réaliser le glaçage, tamisez le sucre dans un saladier et mélangez avec suffisamment d'eau et d'extrait de vanille pour obtenir un glaçage mou, mais pas trop liquide.

5 Versez le glaçage sur les brownies de manière à former des filaments et laissez prendre. Saupoudrez de chocolat en poudre avant de servir.

Scones au fromage et à la ciboulette

Ces grands classiques du 'tea-time' sont ici plus diététiques, grâce au fromage frais et au cheddar allégés, sans toutefois perdre de saveur. Servez tiède pour un parfum meilleur.

Pour 10 scones

CALORIES PAR PORTION : 120 • MATIÈRES GRASSES PAR PORTION : 2,8 G

INGRÉDIENTS

250 g/ 9 onces de farine avec levure incorporée
1 cuil. à café de moutarde en poudre
½ cuil. à café de poivre de Cayenne
½ cuil. à café de sel

100 g/ 3½ onces de fromage frais allégé avec fines herbes
2 cuil. à soupe de ciboulette fraîche ciselée, et un peu en plus pour le décor

100 ml/ 3½ oz liquides et 2 cuil. à soupe de lait écrémé
60 g/ 2 onces de cheddar allégé, râpé
fromage frais allégé, pour servir

1 Préchauffez le four à 200°C/ 400°F/ Thermostat 6. Tamisez la farine, la moutarde, le poivre de Cayenne et le sel dans un saladier.

2 Ajoutez le fromage frais au mélange et mélangez bien jusqu'à ce que tout soit bien incorporé. Ajoutez la ciboulette ciselée.

3 Creusez un trou au centre des ingrédients et versez progressivement, tout en remuant, les 100 ml/ 3½ oz liquides de lait, pour obtenir une pâte souple.

4 Posez la pâte sur une surface saupoudrée de farine et pétrissez-la légèrement. Étalez la pâte à une épaisseur de 2 cm/ ¾ pouce et avec un emporte-pièce circulaire de 5 cm/ 2 pouces de diamètre, coupez autant de ronds que possible. Posez les ronds sur une plaque à pâtisserie.

5 Repétrissez les restes de pâtes et étalez de nouveau. Coupez d'autres ronds – vous devez pouvoir réaliser 10 scones en tout.

6 Badigeonnez les scones au pinceau avec le lait restant et parsemez de fromage râpé. Faites cuire 15-20 mn au four, jusqu'à ce qu'ils soient levés et dorés. Posez-les sur une grille pour les laisser refroidir. Servez tiède avec du fromage frais allégé décoré avec la ciboulette.

VARIANTE

Pour des scores sucrés, supprimez la moutarde, le poivre de Cayenne, la ciboulette et le fromage râpé et ajoutez 75 g/ 3 onces de raisins de Corinthe ou de Smyrne et 25 g/ 1 once de sucre, et utilisez du fromage frais allégé nature.

Pain à la tomate et au poivron

Ce pain très parfumé ne contient qu'une quantité minime de matières grasses.

Pour 8 personnes

CALORIES PAR PORTION : 250 • MATIÈRES GRASSES PAR PORTION : 3 G

INGRÉDIENTS

1 petit poivron rouge
1 petit poivron vert
1 petit poivron jaune
60 g/ 2 onces de tomates séchées au soleil, en sachet
50 ml/ 2 oz liquides d'eau bouillante

2 cuil. à café de levure déshydratée
1 cuil. à café de sucre en poudre
150 ml/ 5 oz liquides/ $^2/_3$ tasse d'eau tiède
450 g/ 1 lb de farine à pain blanche
2 cuil. à café de romarin séché

2 cuil. à soupe de concentré de tomates
150 ml/ 5 oz liquides/ $^2/_3$ tasse de fromage blanc battu (yaourt non sucré) nature, à 0%
1 cuil. à soupe de gros sel
1 cuil. à soupe d'huile d'olive

1 Préchauffez le four à 220°C/ 425°F/ Thermostat 7 et le gril sur chaud. Coupez les poivrons en deux, enlevez les pépins, puis mettez-les sur le gril et faites cuire jusqu'à ce que la peau soit grillée. Laissez refroidir 10 minutes, puis retirez la peau et hachez la chair.

2 Coupez les tomates en lanières, mettez-les dans un saladier résistant à la chaleur et versez l'eau bouillante dessus. Laissez macérer.

3 Mettez la levure et le sucre dans un bol verseur, versez l'eau dessus et laissez reposer 10-15 minutes jusqu'à ce que le mélange soit mousseux.

Tamisez la farine dans un saladier et ajoutez 1 cuil. à café de romarin séché. Creusez un trou au centre et versez le mélange à base de levure.

4 Ajoutez le concentré de tomates, les tomates et le liquide de macération, les poivrons, le fromage blanc (yaourt) et la moitié du sel. Mélangez le tout pour former une pâte souple.

5 Posez la pâte sur une surface légèrement farinée et pétrissez 3-4 minutes, jusqu'à ce que la pâte soit lisse et élastique. Déposez dans un saladier légèrement fariné, couvrez et

laissez reposer 40 minutes à température ambiante, jusqu'à ce que la pâte ait doublé de volume.

6 Pétrissez la pâte une deuxième fois et mettez-la dans un moule à gâteaux rond à charnière de 23 cm/ 9 pouces. Avec le manche d'une cuillère en bois, créez des "fossettes" à la surface. Couvrez et laissez reposer 30 minutes.

7 Badigeonnez d'huile avec un pinceau et parsemez de romarin et de sel. Faites cuire au four 35-40 minutes, laissez refroidir 10 minutes et démoulez. Laissez refroidir sur une grille et servez.

Index

Index rédigé par Hilary Bird.